10 stratégies gagnantes

Investir dans l'immobilier

pour les nuls

Nathalie Coulaud

10 stratégies gagnantes

Investir dans l'immobilier

pour les nuls

FIRST
ÉDITIONS

#lisez! engagé
www.lisez.com
Pour plus d'information :
Imprimé sur du papier issu de forêts gérées durablement.

10 stratégies gagnantes - Investir dans l'immobilier pour les Nuls

ISBN : 978-2-412-10054-7
Code éditeur : S10054/01
Dépôt légal : novembre 2025
Imprimé en Espagne par EGEDSA en octobre 2025

Correctrice : Éléonore Scherb
Mise en pages : Istria
Relecture et index : Muriel Mekies

Éditions First, un département d'Édi8
92, avenue de France
75013 Paris – France
Tél. : 01 44 16 09 00
Courriel : firstinfo@efirst.com
Internet : www.lisez.com

À propos de l'autrice

Journaliste spécialisée dans les domaines du logement, de l'immobilier et du cadre de vie, **Nathalie Coulaud** collabore régulièrement avec *Le Monde*, UFC-Que Choisir, *60 millions de consommateurs*, *Pleine Vie*, *Conseils des notaires*, *Challenges* ou *Les Informations rapides de la copropriété*. Elle est déjà l'autrice de plusieurs livres de la collection « Pour les Nuls » : *La Copropriété*, *Devenir propriétaire*, *Louer un logement* et *Investir dans l'immobilier locatif*.

Remerciements

Merci à Daniel, Noémie et Apolline pour leur patience et leurs encouragements.

À mes amies et amies de plume Céline P, Agnès L, Catherine B, Sophie MM, Laurence F, Cyrille V, Françoise V, Emmanuelle N pour leur soutien.

À mes rédacteurs et rédactrices en chef Joël M, Aurélie B, Pascale B, Barbara B, Yves S, Hervé C, Bénédicte B pour leur confiance et leur amitié.

Merci à Florian M pour ses bonnes idées et son accompagnement.

Sommaire

Partie 2 Acheter pour protéger ses proches

Introduction

Ce livre s'adresse à tous ceux qui souhaitent investir dans l'immobilier, l'un des placements les plus prisés des Français, puisque plus de la moitié d'entre eux possèdent au moins un bien.

Mais si l'immobilier séduit, c'est aussi un domaine qui nécessite d'engager des sommes importantes et dans lequel une bonne préparation est essentielle. Avant de se lancer, il faut comprendre les enjeux, s'informer, définir ses objectifs et adopter les bonnes méthodes.

Selon que vous souhaitez acheter un bien pour y vivre, protéger vos proches, vous constituer un patrimoine, ou encore générer des revenus complémentaires, ce guide vous propose des stratégies concrètes pour y parvenir le plus facilement possible.

En vous posant les bonnes questions et en suivant les conseils proposés dans cet ouvrage, vous serez en mesure de faire un achat aligné avec vos objectifs personnels et financiers. Le placement effectué aura été judicieux et les stratégies seront gagnantes.

Pourquoi ce livre ?

L'immobilier intéresse le public, mais les choix opérés dans ce domaine sont parfois contestables. Les propriétaires perdent de l'argent, parfois des sommes importantes. C'est souvent par méconnaissance, car l'immobilier est un domaine complexe et en évolution constante. Le marché et les règles changent et, lorsque l'on n'est pas spécialiste, il n'est pas toujours facile de faire les bons choix, voire de savoir où s'informer. L'idée n'est pas de suivre une recette miracle, mais de construire un projet qui vous correspond. Un bon investissement, c'est avant tout un investissement qui remplit le rôle que vous lui avez donné : sécuriser votre avenir, améliorer votre qualité de vie, transmettre à vos proches ou créer de la valeur. Dans certains cas, plusieurs objectifs sont poursuivis à la fois.

Ce livre vous donne les clés pour réussir votre projet immobilier en toute lucidité et avec les bons réflexes.

Comment ce livre est organisé

Ce livre est divisé en quatre parties organisées autour des objectifs poursuivis lorsque l'on achète dans l'immobilier. Ce n'est, en effet, pas la même chose d'acheter sa résidence principale pour y habiter, de loger un enfant étudiant ou encore d'acheter pour louer. Chaque chapitre détaille les différentes stratégies pour investir dans l'immobilier sans se tromper et faire des choix en connaissance de cause.

Première partie : Acheter pour assurer sa sécurité

Cette partie concerne la stratégie la plus importante en matière d'immobilier, à savoir acheter sa résidence principale. Il est fondamental de bien choisir le toit sous lequel nous allons vivre au quotidien et élever nos enfants. Cette partie permet aussi de faire des choix à plus long terme, notamment en prévision de sa retraite.

Deuxième partie : Acheter pour protéger ses proches

La sécurité de ses proches est également fondamentale, qu'il s'agisse de son conjoint, de ses enfants ou d'autres membres de la famille. Cette deuxième partie permet de faire le point sur les stratégies immobilières qui permettent d'atteindre cet objectif, sans commettre d'erreur.

Troisième partie : Acheter et gagner de l'argent

Acheter un appartement ou une maison à louer permet de compléter ses revenus et de se constituer un patrimoine. On peut même réduire ses impôts en investissant dans l'immobilier. Cette partie vous explique comment procéder.

Quatrième partie : Acheter pour le plaisir

Votre objectif peut être d'acheter un château, un vignoble, voire une résidence secondaire pour télétravailler. Cette stratégie doit elle aussi être assortie de précautions. Tel est l'objet de la quatrième partie de ce livre.

Les icônes utilisées dans ce livre

Tout au long du livre, vous trouverez des informations supplémentaires signalées à l'aide de trois icônes. Ce livre reste compréhensible même si vous ne lisez pas le texte des icônes, mais ce dernier vous apporte des informations plus précises. Vous pouvez aussi lire le texte des icônes avant le texte principal, afin de vous faciliter l'entrée dans le vif du sujet.

Un peu de technique

L'immobilier est un domaine complexe et fortement réglementé. Vous trouverez des textes de loi ou des informations chiffrées pour vous repérer et affiner votre réflexion.

À retenir

Dans certains cas, les informations sont nombreuses. Cette icône permet de faire le point sur les éléments importants à garder à l'esprit.

Astuce

Toutes les astuces des professionnels pour prendre les bonnes décisions.

Attention

Cette icône doit retenir votre attention. Elle vous met en garde contre un piège à éviter.

Exemple

Cette icône met en lumière un cas particulier illustré par un exemple.

Partie 1

Acheter pour assurer sa sécurité

Dans cette partie

La pierre est un refuge, tant physiquement qu'économiquement. C'est un capital placé dont on peut attendre une valorisation au cours des années. Et les Français aiment l'immobilier ! S'ils ne boudent pas les placements financiers en Bourse, l'Insee (Institut national de la statistique et des études économiques) indique que 61 % d'entre eux possèdent au moins un bien immobilier et que 58 % disposent à la fois d'un bien immobilier et d'un placement financier. Acheter sa résidence principale, c'est faire un choix pratique mais également stratégique. Cela permet de se loger tout en investissant dans un patrimoine. Un double avantage non négligeable, surtout dans une perspective de long terme. Investir dans la pierre, c'est aussi préparer l'avenir : revenus locatifs, revente, transmission... Comme tout investissement, l'immobilier comporte des risques. Avant de se lancer, il est essentiel de bien s'informer, d'analyser le marché et d'évaluer sa capacité financière. Les montants engagés sont importants : mieux vaut avancer en connaissance de cause.
Il est incontournable d'acheter sa résidence principale. Chacun d'entre nous a besoin de se loger, d'avoir « un toit sur la tête » qui permette d'élever ses enfants, de ranger ses affaires, de vivre, tout simplement. L'accès au logement est même considéré comme un droit fondamental par l'État français, notamment depuis la loi sur le droit au logement opposable (DALO) du 5 mars 2007. En tant que locataire, il est donc judicieux de franchir le pas et d'acheter sa résidence principale – et si les moyens financiers vous manquent, des solutions existent. Quant aux ménages qui possèdent déjà leur résidence principale, ils peuvent conforter leur patrimoine en cours de constitution tout en améliorant leur cadre de vie en achetant un nouveau logement plus grand ou mieux situé.

Stratégie #1

Acheter sa résidence principale

En quoi est-ce une stratégie gagnante ?

Cesser de payer un loyer à fonds perdus

Lorsque vous êtes locataire, vous payez chaque mois un loyer, qui représente une bonne part de vos revenus. En achetant votre résidence principale, vous arrêtez de verser cette somme à « fonds perdus ». En effet, à la fin de l'occupation de votre logement, vous devrez rendre l'appartement ou la maison sans rien conserver en retour. Même si vous avez repeint les murs ou réalisé de menus travaux, ces efforts, qui valorisent le logement, reviennent au propriétaire.

À retenir

L'Insee, qui observe les dépenses des Français en matière de logement, estime qu'en 2022, 30 % en moyenne des revenus des ménages de locataires étaient consacrés au logement. Pour les locataires les plus modestes, cela peut monter jusqu'à près de la moitié des revenus.

Pourquoi ne pas consacrer cette somme d'argent au remboursement d'une résidence principale ? Un locataire, dont le loyer mensuel s'élève à 600 euros, aura dépensé 108 000 euros au bout de 15 ans, ce qui équivaut à la somme nécessaire à l'achat d'un logement de la même surface dans une ville moyenne. Dans bien des cas, la mensualité de remboursement d'un prêt est à peine supérieure au loyer versé. En outre, lors de la revente, si tout se passe bien, on récupère sa mise et on peut même bénéficier d'une plus-value, qui permet d'acheter un logement un peu plus grand ou mieux situé.

Comparer

Avant de devenir propriétaire, le locataire peut se poser la question de savoir s'il est réellement plus intéressant de louer que d'acheter. Le courtier en crédit Meilleurtaux réalise chaque année une analyse pour déterminer le moment à partir duquel l'achat d'une résidence principale devient plus avantageux que la location. Sa dernière étude, qui date de fin 2024, montre que la durée moyenne en France pour rentabiliser l'achat d'une résidence principale est de 14 ans et 8 mois, contre 15 ans et 6 mois en 2023. Autrement dit, au bout de 14 ans de location, il aurait mieux valu acheter. Dans certaines villes, qui connaissent une baisse ou une stagnation des prix de l'immobilier depuis 2022, l'achat devient plus rapidement favorable que la location. Au Havre, il est plus rentable d'acheter plutôt que de louer à partir de 7 ans, contre 16 ans auparavant et, à Limoges, cette durée diminue par deux et passe de 8 à 4 ans. Dans d'autres villes, où les prix de l'immobilier sont chers, il faut en revanche beaucoup plus de temps pour rentabiliser l'opération et il est parfois difficile de réunir les fonds nécessaires pour acquérir. Il faut compter plus de 20 ans à Lille, Bordeaux ou Nice, 18 ans à Marseille et 14 ans à Rouen. Cela peut paraître long, mais si vous exercez la majeure partie de votre activité professionnelle dans une ville et que vos enfants y suivent leur scolarité, le temps passe vite.

Être stable financièrement et professionnellement

Dans la mesure où il s'agit d'un investissement important, qui nécessite du temps, il est préférable d'être stabilisé à titre personnel et professionnel pour quelques années avant d'acheter sa résidence principale. L'immobilier est généralement un investissement sur le moyen et long terme. Toutefois, même si vous devez déménager au bout de quelques années et changer de région, vous pouvez revendre ou bien conserver le bien et le louer.

Tableau 1-1

La durée à partir de laquelle il est plus intéressant de louer (ville par ville)

Analyse pour un logement d'une surface de 70 m² incluant la taxe foncière, des charges moyennes par m² et par mois liées à l'occupation du logement et aux travaux d'entretien. Ces données sont comparées au montant des loyers et au rendement de l'argent placé par le locataire, qui aurait été consacré à l'apport personnel en cas d'achat.

Villes dans lesquelles il est devenu plus intéressant d'acheter cette année	Prix en euros au m²	Taxe foncière 2024 (en euros) pour un logement de 70 m²	Durée à partir de laquelle il était plus intéressant d'acheter que de louer en 2024 (en année)	Durée à partir de laquelle il était plus intéressant d'acheter que de louer en 2023 (en année)	Loyer mensuel (en euros) pour un logement de 70 m²
Perpignan	2091	1537	6,6	10	840
Nîmes	2376	1739	7,1	8,6	959
Le Havre	2298	1593	7,1	16	952
Limoges	1705	1124	4,2	8	840
Grenoble	2986	1535	16	10,6	931
Saint-Étienne	1376	1225	4,6	3,6	700
Mulhouse	1319	937	1,3	1,6	910
Reims	2735	1312	14	19	910
Toulon	3486	1419	15,11	8,6	1043
Tours	2946	1006	21	17,6	840
Dijon	2663	1632	12,6	22	931
Montpellier	3680	1703	18,2	12,6	1050
Clermont-Ferrand	2263	1363	10,6	12,6	840
Brest	2300	1154	9	10,6	819
Besançon	2366	1314	12,6	11,6	840
Orléans	2498	1568	8,5	13,6	980

Tableau 1-1 (suite)

Villes dans lesquelles il est devenu plus intéressant d'acheter cette année	Prix en euros au m²	Taxe foncière 2024 (en euros) pour un logement de 70 m²	Durée à partir de laquelle il était plus intéressant d'acheter que de louer en 2024 (en année)	Durée à partir de laquelle il était plus intéressant d'acheter que de louer en 2023 (en année)	Loyer mensuel (en euros) pour un logement de 70 m²
Aix-en-Provence	5482	1081	27	21,6	1190
Metz	2255	962	9,3	6,6	840
Caen	3003	1500	22	16	910
Lille	3464	967	20,6	20,6	945
Rouen	2627	1423	14	9,6	910
Nice	5178	1166	21,6	19,6	1330
Marseille	4016	1497	18	13	1155
Toulouse	3539	1496	20,3	23	980
Strasbourg	3697	1158	20	21	1029
Angers	3171	1661	19,10	23,6	910
Rennes	4103	1253	22	21	1050
Bordeaux	4620	1655	22	22	1120
Nantes	3671	1710	16	24	980
Paris	9252	1247	29	30	1932
Lyon	4761	991	18,3	22	1232

Source : Meilleurtaux (fin 2024).

À retenir

Selon l'Observatoire Crédit Logement, la durée moyenne d'un crédit immobilier est de 20 ans et 8 mois (248 mois). Peu de personnes vont jusqu'au bout de cette période, puisqu'en moyenne, on garde 7 ans sa résidence principale. Le crédit est généralement remboursé et remplacé par le crédit d'un nouveau logement.

Éviter la précarité

Acheter permet également d'obtenir une sécurité à long terme, puisque le statut de locataire est, par essence, précaire. Certes, le locataire est protégé par son bail, dont la durée minimale est de 3 ans lorsque le logement est loué vide par une personne physique et de 6 ans lorsque le propriétaire est une personne morale. Mais tout bail a une fin. Par ailleurs, de plus en plus de logements sont loués meublés (environ un tiers selon le site d'annonces immobilières SeLoger) et, dans ce cas, la durée du bail n'est alors que d'un an. Autrement dit, chaque année (ou tous les 3 ans ou 6 ans), le propriétaire peut envoyer à son locataire un préavis indiquant qu'il souhaite récupérer le logement.

Pour ce faire, il doit respecter certaines règles. Il doit envoyer sa demande de reprise du logement assez tôt : 3 mois avant la fin du bail pour une location meublée, 6 mois avant la fin du bail pour un logement vide. Sa raison doit être motivée : habiter lui-même dans son logement, y loger des membres de sa famille (ascendants ou descendants) ou le mettre en vente. Il peut également mettre fin au bail en cas d'impayés de loyer et des charges, ou encore de nuisances pour le voisinage. Lorsque le logement est loué vide, le locataire dispose d'un droit de priorité pour l'acheter, mais une fois passé un délai de deux mois, le logement doit être libéré. Le risque est alors de rencontrer des difficultés pour se reloger, d'autant que le nombre de logements à louer a beaucoup diminué ces dernières années, notamment dans les grandes villes. Cela est surtout vrai pour les locataires âgés, ceux avec des revenus modestes ou une situation professionnelle précaire (CDD, indépendants...).

La résidence principale : une fiscalité favorable

La résidence principale bénéficie d'un statut spécifique très favorable d'un point de vue fiscal. Selon les définitions données par l'administration fiscale, la résidence principale est la résidence dans laquelle vous vivez de manière habituelle et effective et avec laquelle vous avez les attaches les plus fortes (par exemple, vous la partagez avec vos enfants et votre conjoint, ou bien elle se situe dans la ville où vous exercez votre activité professionnelle). On considère que le logement n'est plus une résidence principale si vous en êtes absent plus de 3 mois par an. Les notaires signalent néanmoins que, depuis la crise du covid, la notion de résidence principale est plus floue. Avec l'essor du télétravail, résidence principale et activité professionnelle se croisent.

»

La résidence principale : une fiscalité favorable *(suite)*

Par exemple, on peut passer 3 jours à Paris et à Lyon pour le travail, puis le reste de la semaine en télétravail au bord de la mer ou à la campagne. Pour bénéficier des avantages liés à la résidence principale, il est nécessaire de faire un choix clair et sans ambiguïté (par exemple, inscrire ses enfants à l'école du quartier ou s'inscrire sur les listes électorales).

» Le premier avantage est que le propriétaire d'une résidence principale n'est plus assujetti à la taxe d'habitation, ce qui n'est pas le cas pour les résidences secondaires, par exemple.

» Le deuxième avantage est que, lors de la revente, le propriétaire est exonéré de paiement de la plus-value immobilière. En effet, lors d'une transaction, lorsque le prix de vente est supérieur au prix d'achat et que le bien a été acheté il y a moins de 22 ans, une taxe sur la différence (plus-value) est alors appliquée. Mais si le bien que vous vendez est votre résidence principale, il n'y a pas de question à se poser : la vente est exonérée de plus-value. Cet avantage fiscal demeure, bien que des discussions risquent régulièrement de le limiter.

» Le troisième avantage réside dans le fait que la résidence principale bénéficie d'un abattement au titre de l'impôt sur la fortune immobilière (IFI). Les règles fiscales liées à l'IFI prévoient que les personnes qui possèdent un ou plusieurs biens immobiliers, dont la valeur vénale est d'au moins 1,3 million d'euros, sont assujetties à l'IFI. Mais, dans le cas d'une résidence principale, un abattement de 30 % est prévu. Rappelons que la valeur vénale correspond au prix auquel le bien pourrait être vendu dans les conditions normales du marché. Si la résidence principale est évaluée à 1,5 million d'euros, l'abattement de 30 % permet de passer sous le seuil et d'éviter ainsi l'imposition (à condition que le contribuable ne possède pas d'autres biens qui feraient augmenter ce seuil). Lorsque la propriété est en indivision, ce qui est le cas pour les couples qui achètent ensemble sans être mariés, l'abattement de 30 % s'applique sur la part de chaque indivisaire. Au total, l'administration fiscale estime qu'environ 176 000 foyers étaient assujettis à l'IFI en 2023.

» Enfin, il est un dernier avantage : lorsqu'il s'agit d'une résidence principale, les propriétaires bénéficient d'aides aux travaux, notamment en cas de rénovation énergétique. Ce qui n'est pas le cas pour les autres logements !

Financer ses vieux jours

À la retraite, les revenus diminuent. En acquérant sa résidence principale suffisamment tôt, on peut rembourser son crédit pendant sa vie professionnelle et ne plus avoir à payer de mensualité une fois à la retraite. Il est d'ailleurs difficile de souscrire un crédit passé 55 ans, sauf sur une courte durée et, en général, pour une somme limitée.

Un peu de technique

Les banques fixent généralement une limite de fin de remboursement à 70 ans, notamment pour des raisons de santé, les risques étant plus élevés avec l'âge.

Posséder sa résidence principale permet par ailleurs de financer ses besoins en cas de dépendance. L'âge venant, on peut vouloir habiter en résidence senior, offrant divers services, ou encore en maison de retraite médicalisée (en Ehpad, ou établissement d'hébergement pour personnes âgées dépendantes). C'est bien souvent la mise en vente du logement ou sa mise en location qui permet de payer ce type d'établissement. Sans bien immobilier et avec des revenus limités, ce sont les enfants qui doivent financer la maison de retraite, et ce, au prix de grandes difficultés lorsqu'ils ont eux-mêmes des revenus modestes.

Rester locataire, pas la meilleure solution

Rappelons également que, lorsque l'on est âgé, rester locataire est relativement risqué. Payer un loyer avec des revenus en baisse n'est pas simple, d'autant que le loyer augmente chaque année. Les propriétaires peuvent en effet appliquer une augmentation du loyer en fonction d'un indice, baptisé IRL (indice de révision des loyers), fixé par l'Insee. Même si l'augmentation annuelle ne paraît pas très élevée, au bout de plusieurs années, elle peut représenter quelques centaines d'euros en plus par rapport au loyer initial.

De plus, la protection du locataire âgé n'est pas aussi étendue qu'on ne le pense. Le propriétaire ne peut certes pas s'opposer à la reconduite du bail de son locataire de 65 ans sans lui proposer un nouveau logement correspondant à ses besoins et à ses possibilités, qu'il s'agisse d'un congé pour vendre, pour reprise ou pour un motif légitime et sérieux comme le non-paiement du loyer. Mais cette règle ne concerne que les locataires de plus de 65 ans aux revenus modestes, dont le montant est fixé, en 2025, à moins de 26 687 euros par an pour une personne seule vivant en Île-de-France ou 23 201 euros en région. Attention, il faut prendre en compte les revenus N-2 (en 2025, les revenus de 2023) et les chiffres sont actualisés chaque année. De même que si le propriétaire est lui-même âgé (de plus de 65 ans) ou possède des revenus modestes (dont les plafonds sont les mêmes que ceux du locataire), la protection du locataire âgé ne joue plus.

Transmettre un patrimoine à ses enfants (ou ses petits-enfants)

Faire l'acquisition d'une résidence principale est l'occasion de transmettre un patrimoine à ses enfants au bout d'une vie bien remplie. C'est bien souvent le seul patrimoine transmis et, lorsque la résidence principale a pris de la valeur au fil des années, il constitue une réelle aide pour les enfants ou les petits-enfants. La résidence principale peut aussi, dans certains cas, faire office de belle maison de famille à léguer.

La transmission du patrimoine immobilier s'anticipe, dans la mesure où chaque parent peut, tous les 15 ans, donner jusqu'à 100 000 euros à chacun de ses enfants, sans frais de succession. Le notaire peut, par exemple, conseiller à des parents âgés de transmettre leur bien en nue-propriété à leurs enfants, tout en conservant l'usufruit. Autrement dit, les enfants deviennent nus-propriétaires, mais leurs parents continuent de profiter du bien : ils peuvent y habiter ou, en tant qu'usufruitiers, percevoir les loyers. À leur décès, les enfants deviennent propriétaires à part entière.

Il est une autre possibilité : créer une société civile immobilière (SCI) familiale. Le bien immobilier est divisé en différentes parts, qu'il est possible de transmettre progressivement à ses enfants.

Se forcer à épargner

Rembourser son crédit immobilier tous les mois est une façon d'épargner à coup sûr. Combien de ménages, qui ne sont pas encore propriétaires mais locataires ou hébergés chez des proches, assurent-ils mettre de l'argent de côté chaque mois ? Or, combien le font-ils réellement ? Bien souvent, les sommes allouées à l'épargne partent dans la réparation de la voiture ou dans l'achat d'une machine à laver. De plus, si on est locataire, il faut payer son loyer et il est alors difficile d'épargner en même temps. À la fin de votre crédit immobilier, lorsque vous vendez votre logement, vous récupérez normalement votre mise, voire un peu plus. Vous voilà avec une belle somme à réinvestir !

Comment en faire une stratégie gagnante ?

L'achat d'une résidence principale nécessite un investissement financier très important, qui requiert de faire les bons choix afin de ne pas perdre de l'argent à la revente et de bénéficier d'une qualité de vie agréable.

Bien choisir l'emplacement, l'emplacement et l'emplacement

Selon les professionnels de l'immobilier, l'emplacement fait la valeur du logement. Du choix de la ville et du quartier va dépendre votre qualité de vie, mais aussi la plus-value à long terme générée par votre investissement. En général, on achète sa résidence principale proche de l'endroit où l'on travaille, où ses enfants sont scolarisés, ce qui laisse un choix non négligeable dans une même ville. Il est, par exemple, possible d'acheter en centre-ville ou bien, au contraire, en périphérie. Il appartient à chacun de choisir en fonction de son budget, des prix immobiliers du secteur, mais aussi de ses priorités (être proche d'un hôpital, de ses parents, d'amis, etc.).

Si l'on a des enfants

Lorsque l'on a des enfants, l'une des priorités est de regarder les écoles, les collèges ou les lycées dans lesquels nos enfants seront scolarisés. Rappelons qu'en fonction de l'adresse du domicile, une sectorisation, c'est-à-dire l'obligation d'être scolarisé dans un établissement donné, est prévue pour les écoles, collèges et lycées publics. En général, pour les établissements publics les plus prestigieux, comme les grands lycées parisiens ou des grandes villes, les annonces immobilières signalent que le logement à vendre est dans le secteur d'un établissement prestigieux. Certaines annonces parisiennes indiquent ainsi « sectorisation lycée Henri-IV » ou « sectorisation lycée Louis-le-Grand ». Lors de vos recherches, vous pouvez vous renseigner sur les établissements de secteur sur le site data.education.gouv.fr.

La qualité des établissements scolaires

Il faut ensuite s'informer sur la qualité de l'établissement, ce qui n'est pas toujours aisé, car tout le monde n'attend pas les mêmes choses d'une scolarité. On peut s'appuyer sur le bouche-à-oreille, se renseigner lors de portes ouvertes organisées par l'établissement ou rencontrer les parents d'élèves élus. Pour des critères plus objectifs, on peut regarder les indicateurs diffusés par le ministère de l'Éducation nationale sur le site education.gouv.fr : les résultats des collèges et des lycées ou l'indice de position sociale (IPS) des élèves, qui rend compte de l'hétérogénéité des élèves dans un établissement donné.

Astuce

Pour le lycée, un taux de 100 % de réussite au baccalauréat, un fort taux de mentions ou de réussite des élèves entrés en seconde sont évidemment un bon signe. Pour le collège, c'est le taux de réussite au brevet qui importe. Et pour l'IPS, plus ce dernier est élevé, plus le milieu socio-économique des élèves l'est aussi.

Un choix à faire

En général, les quartiers dans lesquels les établissements scolaires sont les plus cotés sont aussi les plus chers. Une étude de 2020 réalisée par Homadata, une start-up experte en données immobilières disparue depuis, avait ainsi estimé que les prix immobiliers de ces quartiers pouvaient être 25 % plus chers que ceux des autres quartiers, à la sectorisation différente. Cela ne concerne pas seulement les établissements publics : on retrouve le même phénomène pour les établissements privés prestigieux. Bien que ces derniers ne soient pas dépendants d'une sectorisation et recrutent leurs élèves sur dossier, les parents souhaitent, pour des raisons de confort, habiter à proximité de ces établissements, faisant ainsi monter les prix du quartier. Il faudra peut-être sacrifier un peu de surface pour que vos enfants se rendent dans un collège de qualité ou, à l'inverse, acheter un peu plus loin et bénéficier d'un peu plus de surface, quitte à inscrire ses enfants dans le privé. Il n'existe pas de solution miracle, à chacun de fixer ses priorités en fonction de ses objectifs et, évidemment, de ses possibilités financières.

Si l'on est free-lance ou en télétravail

Une autre situation incite parfois à déménager : lorsque l'on est indépendant ou en télétravail. Ce n'est en effet pas la même chose de passer ses journées au bureau, de ne rentrer que pour dormir ou de rester chez soi la majeure partie de son temps. Dans ce dernier cas, on peut avoir besoin d'un peu plus d'espace, d'un extérieur pour se détendre ou d'un bureau pour travailler sans être dérangé et ranger ses affaires. Avec le développement du télétravail, qui a suivi la crise sanitaire de 2020 et 2021, les agents immobiliers ont fait face à un réel boom de l'immobilier et une forte demande d'espace supplémentaire, notamment extérieur. La situation s'est un peu calmée depuis, mais la demande d'un extérieur (une terrasse, un jardin) perdure. À l'inverse, on peut se sentir isolé en télétravaillant et ainsi vouloir déménager pour se rapprocher d'un espace de coworking (espace de travail en commun), des cinémas ou des boutiques. De manière générale, si l'on souhaite plus d'espace, notamment un jardin, il faudra s'éloigner des centres-villes, plus denses et plus onéreux. Et pour se rapprocher du centre, il y a de fortes chances que vous deviez rogner sur la surface.

À retenir

Lorsque l'on achète sa résidence principale, on souhaite être à proximité de son lieu de travail ou, du moins, qu'il soit facilement accessible. La plupart des sites d'annonces immobilières proposent un filtre qui calcule le temps ou la distance séparant le logement du lieu de travail.

S'informer sur le marché immobilier

Avant tout, il est nécessaire de s'informer sur le marché immobilier (les prix et les types de biens proposés à la vente) de la ville visée. Par exemple, le centre-ville propose-t-il des maisons ou seulement des appartements ? De quelle période environ date la construction des immeubles ? Entre un immeuble à colombages du Moyen Âge et un bâtiment des années 1970, l'achat n'est pas le même. Le but est d'être bien informé pour acheter au juste prix et ne pas surpayer.

Sur Internet

Quelques sites Internet peuvent être utiles dans cette démarche. C'est le cas de Bien'ici, un site tenu par les grands acteurs de l'immobilier et qui présente toutes les annonces d'un secteur donné, placées sur une carte en 3D. Cela donne une vision globale de ce qui est à vendre sur le secteur, même s'il faut parfois s'informer de l'adresse précise auprès de l'agent immobilier. Le site SeLoger, qui comporte un très grand nombre d'annonces, est également intéressant, même s'il semble moins convivial que Bien'ici. Enfin, Leboncoin s'est nettement développé en matière d'immobilier ces dernières années, au point de devenir incontournable. Les professionnels comme les particuliers y déposent leurs annonces. Ces différents sites proposent des critères de recherche assez précis, comme le prix, le nombre de pièces ou la surface, et il est possible de déposer une alerte afin d'être prévenu lorsqu'un bien correspondant à nos critères apparaît sur le marché.

Astuce

Plus vous vous informez sur le marché local de l'immobilier, prenez contact avec des agents et visitez des biens, plus vous aurez accès à des biens dits « *off market* », qui se vendent de manière confidentielle avant d'être mis en ligne.

Pour se renseigner de manière plus globale sur les prix, le plus efficace est de se rendre sur le site Meilleurs Agents, qui propose des cartes des villes avec les quartiers les plus chers et les moins onéreux. On peut savoir, à la rue près, si tel ou tel secteur est plus coté qu'un autre. Il est également possible de s'informer, par le biais de l'administration fiscale, du prix de vente des maisons et appartements voisins ; chaque transaction est, en effet, enregistrée pour des raisons d'imposition.

Un peu de technique

Toutes les données concernant les transactions sont accessibles au public en ligne, sur app.dvf.etalab.gouv.fr ou impots.gouv.fr, par le biais de l'espace personnel du contribuable. On peut s'informer du prix de vente de chaque maison et appartement. Une autre option est de se rapprocher d'un notaire, qui dispose de tout l'historique des transactions dans ses bases de données.

Les critères à prendre en compte

Ces recherches permettent de faire le point sur le bien que vous pouvez acquérir en fonction de vos possibilités financières, mais aussi de déterminer le quartier dans lequel vous souhaitez acheter. Les écoles, les transports en commun, la sécurité : tous ces critères sont importants. Il faudra alors opérer un choix : un quartier plus coté, mais une surface plus petite, ou un quartier plus populaire et des m^2 supplémentaires. Dans le cadre d'une résidence principale, on connaît généralement bien la ville où l'on achète, ce qui permet de distinguer les quartiers à éviter de ceux qui ne sont pas encore trop chers, mais avec un fort potentiel. Dans ces quartiers en devenir, l'espoir de plus-value existe si les promesses d'amélioration (réfection des espaces publics, installation d'équipements structurants, construction de nouveaux logements…) se réalisent. Toutefois, la qualité de vie y sera peut-être moindre et, en fonction du moment de la revente, la plus-value sera plus ou moins importante. En revanche, dans les quartiers plus prisés, on achète plus cher mais avec la quasi-certitude de pouvoir revendre sans perdre d'argent, sans toutefois réaliser une importante plus-value. Afin de bien choisir la stratégie qui vous convient le mieux, il est nécessaire de regarder tout cela attentivement, sans se presser.

Les solutions pour acheter en couple (en union libre, pacsé ou marié)

Lorsqu'il s'agit de la résidence principale, on achète souvent un logement à deux, en couple. En fonction de votre régime matrimonial, la protection des conjoints est très variable, notamment en cas de séparation ou de décès de l'un des membres du couple.

La loi ne prévoit pas de disposition particulière pour un couple en union libre. Autrement dit, les deux membres du couple sont considérés comme n'ayant aucun lien. C'est un régime peu protecteur, notamment en cas de décès ou de séparation.

Pour les personnes qui veulent néanmoins acheter à deux sans formaliser leur union, plusieurs solutions sont possibles, comme un achat en **indivision**. Dans ce cas, la propriété du logement est partagée à hauteur de la contribution financière de chacun lors de l'achat. Par exemple, le concubin qui apporte la moitié de la somme est propriétaire à hauteur de 50 %, mais ce pourcentage varie en fonction de la somme apportée. Si les contributions de chacun ne sont pas précisées dans le contrat de vente, l'indivision sera considérée comme étant à part égale. L'indivision comporte un risque : lorsque l'un des concubins assume la plupart des dépenses de la vie courante, comme des petits travaux, alors que sa part dans l'indivision reste inchangée, il sera perdant à la revente. Il est donc plus prudent de signer devant le notaire une convention, qui permet d'indiquer les participations financières de chacun, mais aussi de protéger les concubins en cas de décès ou de séparation. Dans ce dernier cas, si les deux membres de l'indivision sont d'accord pour vendre le logement, le prix est partagé en fonction des parts respectives. En cas de décès de l'un des concubins, ce sont les héritiers du défunt qui deviennent propriétaires de sa part dans l'indivision, alors que le survivant n'a aucun droit sur l'héritage. S'il en est héritier par testament, il doit s'attendre à payer des droits de succession élevés : ils se situent au taux maximum de 60 %.

Une autre possibilité pour les couples qui ne veulent pas se marier est de constituer une **société civile immobilière (SCI)**. C'est la SCI qui achète et devient propriétaire, et chacun des concubins possède des parts de cette SCI en fonction de son apport respectif. Chaque concubin est responsable des dettes de la SCI en fonction de sa quote-part. Le couple peut occuper le logement en tant que locataire de la SCI ou en être occupant à titre gratuit.

»

Les solutions pour acheter en couple (en union libre, pacsé ou marié) *(suite)*

Une SCI implique cependant de tenir des assemblées générales et une comptabilité régulière, ainsi que de rédiger des statuts par le biais d'un notaire. En cas de séparation, celui qui veut se retirer peut demander qu'on lui rachète ses parts. Il faut toutefois que l'associé restant en ait les moyens. Sinon, il faut tout vendre et, dans ce cas, voter la dissolution de la SCI, puis vendre d'un commun accord avant de se partager les fonds obtenus. En cas de désaccord, il faut saisir le tribunal, qui peut obtenir la dissolution de la SCI. En cas de décès de l'un des associés, les statuts de la SCI peuvent prévoir que la société sera dissoute ou qu'elle continuera avec le seul associé survivant. Celui-ci pourra racheter la valeur des parts des héritiers sans qu'ils puissent s'y opposer. Mais, comme en cas de séparation, cela implique que l'associé survivant dispose des moyens suffisants pour racheter le bien au prix du marché. Les statuts doivent, dans tous les cas, avoir prévu cette situation.

Pour acheter à deux, il est également possible de **se pacser** en signant un pacte civil de solidarité (pacs). Dans ce cas, il faut choisir entre un régime de séparation du patrimoine ou un régime d'indivision. En l'absence d'une telle précision dans la convention de pacs, le régime applicable est celui de la séparation. Autrement dit, chacun des partenaires est seul propriétaire des biens qu'il acquiert pendant le pacs. Si les partenaires achètent ensemble, il s'agit d'une indivision et, dans ce cas, ils doivent indiquer dans l'acte d'achat les sommes engagées par chacun d'eux. À défaut, les deux partenaires sont réputés être propriétaires à hauteur de 50 %. Il est possible de prévoir une convention d'indivision qui détermine les modalités de gestion de cette dernière. Les deux partenaires sont solidaires pour les dépenses non excessives de la vie courante, comme les abonnements divers, les primes d'assurance ou encore les charges de copropriété. Cette solidarité ne cesse qu'en cas de dénonciation ou d'extinction du pacs. En cas de séparation, il n'est pas possible de vendre le logement sans l'accord de l'autre et, en cas de vente, chacun récupère sa part. Toutefois, la convention d'indivision peut gérer les cas de séparation et de décès. En l'absence de convention, le partenaire de pacs survivant n'a aucun droit sur les biens. Les héritiers deviennent propriétaires de sa part. Le survivant se trouvera donc en indivision avec les héritiers, mais il peut, pendant l'année qui suit le décès, rester gratuitement dans la maison du défunt. Pour éviter cette situation, le mieux est de

»

rédiger un testament, qui permet de transmettre l'usufruit du bien au partenaire dès la signature du pacs, ainsi que d'insérer une clause de rachat préférentiel au profit du partenaire de pacs.

Enfin, le plus simple pour acheter à deux est de **se marier**. En l'absence de contrat de mariage, le régime légal s'applique, c'est-à-dire que tous les biens acquis après le mariage sont communs, indépendamment de leur mode de financement. Les biens immobiliers appartiennent aux deux époux à part égale, même si la participation des deux est inégale. Dans le cas d'une séparation, le bien peut être vendu et le produit de la vente partagé en deux, ou bien il peut être racheté par l'un des deux conjoints. En cas de décès, le conjoint est un héritier direct, qui possède alors davantage de possibilités pour rester dans le logement. Il peut notamment choisir de rester l'usufruitier. Si un contrat de mariage a été signé, ce document règle le sort des différents biens achetés après le mariage. Il peut s'agir d'une séparation de biens : les patrimoines des deux conjoints restent séparés et, dans le cas d'un achat commun, le régime de l'indivision s'applique. Il peut aussi s'agir d'une communauté d'acquêts aménagée ou d'une participation aux acquêts, qui permettent notamment des possibilités de rachat par l'un ou l'autre des conjoints selon des règles établies à l'avance. En cas de séparation, le prix de vente sera redistribué en fonction de ce qui est prévu au contrat. En cas de décès, l'époux survivant bénéficie d'un droit temporaire au logement, d'une durée d'un an.

Estimer correctement son budget dès le départ

Une fois avoir choisi la ville ou le quartier, il faut déterminer son budget. Inutile de visiter des maisons ou des appartements pour lesquels aucune banque ne vous suivrait. C'est une perte de temps, pour vous comme pour l'agent immobilier. De plus, les agences sont formelles : les acheteurs dotés d'un plan de financement validé par leur banque sont beaucoup plus à même de négocier une baisse du prix. Même lorsque le marché est favorable aux acheteurs, comme c'était le cas ces derniers mois, les vendeurs exigent des garanties. Il peut s'agir d'une attestation de financement, qui assure que votre situation financière vous permet d'emprunter. Cette attestation est fournie par un courtier immobilier ou un établissement financier. Une simulation de prêt immobilier, plus complète, un plan de financement ou encore un accord de principe peuvent également être fournis. Pour les rares chanceux qui peuvent acheter sans emprunter, leur banque peut leur fournir un document attestant des fonds disponibles.

Des travaux ?

Lorsque l'on parle de budget, il ne faut pas oublier d'estimer, sans se tromper, les travaux à réaliser. Les plus gros montants ne concernent pas la cuisine ou la salle de bains, mais plutôt les travaux d'isolation. En effet, un logement à vendre qui affiche une mauvaise note au diagnostic de performance énergétique (DPE) implique de lourds travaux d'isolation, sans lesquels il n'est plus possible de louer le logement. Même si l'on ne souhaite pas le louer, cette situation impacte la valeur du logement. Lors d'une revente, les notaires évaluent dans leur indice « valeurs vertes des logements » que ce dernier se vendra moins cher – de l'ordre de 20 % – en l'absence de travaux. C'est sans compter les factures de chauffage, très élevées, nécessaires pour chauffer le logement. Les banques sont d'ailleurs de plus en plus attentives à cette note énergétique et vérifient que l'acheteur a les moyens de les assumer.

Vous pouvez faire estimer les travaux à réaliser auprès d'un artisan ou d'un courtier en travaux (qui trouve les entreprises pour réaliser vos travaux) et déterminer ainsi si votre budget vous permet de mener à bien votre projet. On compte en général entre 800 et 1500 euros par m^2 pour une rénovation complète. Il faut compter 120 000 euros en moyenne pour une maison de 100 m^2.

Indispensable DDT

Lors de la vente, l'acheteur reçoit un grand nombre de documents à titre d'information. Notamment, un dossier de diagnostic technique (DDT), transmis en amont de la promesse de vente, qu'il est très important de lire pour savoir à quoi vous attendre. Vous y trouverez, par exemple, des informations sur l'état de l'installation électrique et du gaz, si celle-ci date de plus de 15 ans, ou des informations sur les dépenses énergétiques.

À retenir

Depuis la loi Climat et Résilience du 24 août 2021, les logements classés G dans le DPE ne peuvent plus être loués ou reloués. Les logements classés F seront concernés dès le 1er janvier 2028 et les logements classés E en 2034. À moyen terme, les travaux de rénovation sont obligatoires.

Obtenir son crédit et ne pas passer à côté des aides à l'accession

Obtenir son crédit

Le principal blocage d'un achat est généralement financier. Il est presque impossible d'acheter sans crédit lorsque l'on est primo-accédant. Il faut donc mettre tous les atouts de son côté pour obtenir son crédit. Si les banques durcissent ou assouplissent leurs conditions à intervalles réguliers, certains critères perdurent.

» **Il faut disposer d'au moins 10 % de la somme de l'achat au titre de l'apport personnel. Cette épargne est indispensable pour qu'une banque accepte de vous prêter. Plus l'apport personnel est important et plus le taux d'intérêt est intéressant. Si vous ne disposez pas de cette épargne disponible, il faut épargner encore quelque temps ou bien bénéficier d'une aide familiale.**

» **Il faut gérer ses comptes en bon père de famille. La banque ne vous prête que si vous n'êtes pas à découvert tous les mois ou trop endetté, et que vos finances sont globalement saines.**

» **La mensualité du crédit ne doit pas dépasser 35 % de vos revenus mensuels. La banque la calcule selon le taux annuel effectif global (TAEG), qui recoupe tous les coûts liés au crédit. Le TAEG regroupe notamment les frais de dossier ou l'assurance emprunteur, qui permet de rembourser la banque en cas de décès ou d'invalidité.**

À retenir

Le premier réflexe est de s'adresser à sa banque, mais il ne faut pas hésiter à prospecter auprès de courtiers en crédit. Ces derniers démarchent les banques pour vous en fonction de votre profil. Ils sont nombreux : Pretto, Meilleurtaux, Empruntis et Cafpi sont les principaux. Les dossiers se remplissent souvent en ligne.

Les aides à l'accession

En complément d'un crédit, il est possible de faire appel aux différents dispositifs qui aident les primo-accédants à compléter les fonds dont ils disposent. Si ces aides ne suffisent pas à elles seules à obtenir un crédit, elles peuvent toutefois permettre de faire la différence dans un dossier.

Les prêts aidés

Les prêts aidés constituent une première catégorie d'aides. Leurs taux sont en principe plus avantageux que ceux du marché. Ces prêts complètent souvent un prêt classique.

Le prêt à taux zéro (PTZ)

C'est le plus connu des dispositifs destinés aux primo-accédants, bien qu'au fil des années, son champ d'action ait été réduit. Le prêt est sans intérêt (ces derniers sont pris en charge par l'État). Le ménage ne rembourse donc que le capital emprunté. Pour l'obtenir, il faut acheter dans le neuf ou dans l'ancien, mais avec de gros travaux (qui doivent représenter au minimum 25 % du coût total du plan de financement). de la zone dans laquelle le logement est situé. Le territoire est en effet divisé en quatre zones en fonction des prix de l'immobilier et de la tension du marché du logement. La zone A, la plus chère, comprend l'agglomération parisienne et quelques secteurs tendus, comme l'agglomération genevoise et la Côte d'Azur. La zone B1 englobe les grandes agglomérations, puis viennent les zones B2 (villes moyennes) et C (reste du territoire). Le montant du prêt peut atteindre 50 % du coût de l'opération, ce qui peut représenter jusqu'à 180 000 euros en théorie. La durée de remboursement varie de 20 à 25 ans, avec une période de 5,10 ou 15 ans pendant laquelle le remboursement est différé.

À retenir

Il existe également un éco-PTZ. Disponible en complément d'un crédit classique, il permet de prendre en charge les frais liés à des travaux d'économie d'énergie et d'isolation. Son montant est de 30 000 euros maximum, remboursé sur 15 ans. Il ne concerne que les résidences principales et le logement doit être achevé depuis plus de deux ans. Il est ouvert à tout le monde, sans condition de ressources, ce qui est rare.

Le prêt d'accession sociale (PAS)

Il est accordé sous condition de ressources, car il est destiné aux personnes modestes. Il finance jusqu'à 100 % du coût de l'acquisition et sa durée varie de 5 à 30 ans – une durée plus longue que celles du reste du marché, qui se situent entre 20 et 25 ans. Il peut même être prolongé jusqu'à 35 ans, afin d'étaler les mensualités. Il est cumulable avec d'autres prêts et permet de financer un achat immobilier (la construction d'un logement, l'achat d'un terrain, des travaux dans un logement ancien…). Son taux se situe actuellement entre 5,45 et 5,80 %, un taux plus élevé que les taux de crédit actuels, qui varient entre 3 et 4 %. Le PAS peut donc constituer une solution de repli si aucune autre banque ne vous accorde de crédit plus intéressant.

Le prêt conventionné

Il sert à l'achat d'un logement neuf ou ancien avec travaux (4 000 euros au minimum). L'État fixe un taux maximum auquel la banque peut prêter, mais le tarif est libre dans les différents établissements bancaires. Il faut donc se renseigner. Ce type de crédit remplace un crédit classique et n'est intéressant que si la banque vous propose un prêt conventionné à un taux attractif.

Le prêt accession d'Action Logement

Il est accordé aux salariés des entreprises du secteur privé cotisant à Action Logement (entreprises du secteur privé avec plus de 10 salariés). Son montant est de 30 000 euros maximum et son taux est de 1 %. Le taux est très intéressant compte tenu du marché, mais ne permet pas de réaliser une opération immobilière complète. Il permet cependant d'emprunter moins et d'obtenir éventuellement son crédit.

Le prêt issu du plan d'épargne logement (PEL)

Les primo-accédants ayant ouvert un PEL peuvent emprunter en bénéficiant du taux prévu lors de l'ouverture de leur PEL. Un crédit est possible dès la fin du PEL, soit 4 ans, et son montant ne peut pas être supérieur à 92 000 euros. Le taux est actuellement de 2,95 %, ce qui est intéressant par rapport au marché. Si vous n'avez pas de PEL, un membre de votre famille (un parent, un oncle, une tante, un cousin...) peut vous céder ses droits à prêt. Le prêt peut courir jusqu'à 15 ans.

L'aide d'un tiers

Une deuxième catégorie d'aides comprend toutes les aides des tiers, généralement les parents. Vos parents peuvent en effet vous consentir un crédit, même à taux zéro, mais il doit s'agir d'un véritable prêt et non d'une donation déguisée. Il est préférable de le rédiger devant notaire.

Toutefois, tout le monde ne peut pas faire appel à ses parents. Dans ce cas, il est possible de se rapprocher de structures comme Virgil. Cet acteur de l'immobilier investit aux côtés des primo-accédants pour acheter leur résidence principale. Virgil investit 10 % du budget à l'achat, mais détient 15 % du bien et se rémunère ensuite à la revente. Si le logement n'est pas revendu entre-temps, il est possible de racheter la quote-part de Virgil au bout de 10 ans. Ce type d'opération est seulement possible dans les grandes villes (Paris, Lyon...), où les prix de l'immobilier sont très chers. Les petites villes ne sont pas couvertes.

À retenir

Il est possible d'être locataire et d'acheter son logement au fil du paiement des loyers avec la location-accession. Ce type de dispositif est généralement mis en place par des bailleurs sociaux avec des logements HLM. Il est possible de se renseigner auprès d'Action Logement ou encore de La Banque Postale, qui a créé un dispositif de ce type par le biais de sa filiale Sofiap. Ce système peut aussi se faire entre un propriétaire privé et son acheteur devant notaire, même si cela est assez rare.

Les aides des collectivités

Les collectivités ont mis en place des aides pour les ménages modestes et très modestes. C'est le cas à Paris, où le prêt Paris Logement 0 % offre un crédit d'un montant variant de 24 000 euros à 39 000 euros en fonction du profil de l'acquéreur. Bon nombre de grandes villes, voire de villes moyennes proposent des aides. Il faut se renseigner localement (en mairie, par exemple) et les conditions sont fixées par chaque collectivité. Généralement, ces aides sont soumises à des conditions de ressources et il faut être locataire, primo-accédant et travailler sur place.

Le bail réel solidaire (BRS)

Ce dispositif d'accession a été introduit par la loi Macron du 6 août 2015. Il se développe progressivement. Il permet à des ménages modestes de devenir propriétaires d'un logement neuf situé en zone tendue, et ce, à un prix abordable. Le principe est le suivant : le foncier et le bâti sont dissociés, ce qui permet de faire baisser le prix du logement. Le ménage achète uniquement le logement construit et loue le terrain pour un prix modique (environ 4 euros par m^2 habitable et par mois) à un organisme foncier solidaire (OFS), qui détient uniquement le terrain. Cela permet une économie comprise entre 20 et 40 % en fonction du secteur géographique. Les OFS peuvent être des bailleurs sociaux propriétaires de HLM ou des structures parapubliques adossées à des collectivités locales. Ils définissent les critères de sélection pour chacune des opérations, comme la typologie du logement et la composition du ménage. Mais, dans tous les cas, le ménage doit disposer de ressources limitées : en 2025, une famille de quatre personnes habitant en zone A (agglomération parisienne, Côte d'Azur, partie française de l'agglomération genevoise, agglomérations des villes de Lille, Lyon, Marseille et Montpellier) doit gagner moins de 90 078 euros par an. Dans les agglomérations de plus de 50 000 habitants, la même famille devra gagner au maximum 64 910 euros par an. Après la signature d'un bail réel solidaire, il est possible de revendre le logement à tout moment. Mais attention, aucune spéculation n'est possible ! Afin que le logement reste accessible et profite aux ménages éligibles à ce dispositif, son prix de vente devra être limité à son prix d'achat. Le prix de vente sera simplement actualisé en appliquant l'indice choisi par l'OFS. Le futur acquéreur, qui doit avoir le même profil que son vendeur, bénéficiera lui aussi d'un bail réel solidaire pour une durée minimale de 18 ans. Ce dispositif présente quelques défauts : il y a peu de BRS disponibles (quelques milliers par an en France seulement, parmi 800 000 transactions environ), les contraintes sont non négligeables à la revente et le propriétaire du logement n'est pas propriétaire du terrain.

Astuce

Attention, les plafonds de ressources changent chaque année. Il faut se renseigner au moment de l'opération.

Limiter les risques autant que possible

Devenir propriétaire implique d'assumer les risques liés à cet investissement. Il faut avoir conscience qu'il n'est pas possible de supprimer tous les aléas. Lorsque l'on achète un bien, on fait l'acquisition des difficultés qui l'accompagnent. Mais on peut essayer de les limiter.

Certains risques sont difficiles à prévoir. Il peut s'agir de l'immeuble qui se construit à côté de votre maison, alors que ce n'était pas prévu, de voisins bruyants qui emménagent après votre arrivée ou de toute autre nuisance. De même, vous risquez de perdre gros – même en étant bien assuré – à cause d'un incendie ou d'un gros dégât des eaux, tout autant imprévisibles. Idéalement, il faut conserver une épargne de précaution de façon à pouvoir faire face si nécessaire.

D'autres risques, liés au dérèglement climatique, prennent de l'ampleur depuis quelques années. On parle du retrait et du gonflement d'argile, qui créent des fissures dans les maisons. On note également des inondations plus fréquentes dans certaines régions ou une érosion côtière accentuée. Lors de l'achat, les risques naturels et technologiques sont clairement indiqués dans le dossier de diagnostic technique remis aux acheteurs. Le risque de feu de forêt est indiqué depuis le 1er janvier 2025. Il est donc impératif de bien lire les différents diagnostics remis en amont de la promesse de vente.

N'hésitez pas à vous renseigner auprès du notaire pour bien comprendre de quoi il s'agit et faire le point sur ce que vous êtes prêt à accepter ou non. Dans les grandes villes qui abritent des industries, il est difficile d'éviter certains risques, notamment technologiques. Même chose pour le risque d'inondations, qui concerne par exemple Paris.

Astuce Le dossier de diagnostic technique indique notamment la présence de termites, si le logement est situé dans une zone concernée. Certains notaires vérifient également la présence de mérules, des champignons qui détruisent le bois.

Le compte-rendu des asssemblées générales de copropriété, DPE collectif et DTG

Si vous achetez dans un immeuble en copropriété, il est particulièrement important de s'assurer que la copropriété est en bonne santé financière et que le bâtiment n'est pas en mauvais état. De nombreuses informations sont transmises au potentiel acquéreur d'un appartement, comme le niveau des charges impayées et des dépenses d'entretien et de fonctionnement de l'immeuble. De plus en plus de copropriétés réalisent et fournissent un DPE collectif, qui renseigne sur les travaux d'économie d'énergie à réaliser. Certaines vont plus loin en réalisant un diagnostic technique global (DTG), qui fait le point sur tous les travaux à réaliser dans les dix ans à venir. Rappelons que lors de l'achat d'un logement en copropriété, il ne faut pas seulement regarder l'appartement, mais aussi l'immeuble dans son ensemble.

À retenir Tout acheteur peut se faire assister par son notaire, le vendeur conservant le sien. Les deux notaires se partagent les honoraires. L'acheteur, qui est chargé des honoraires de notaire, n'aura aucun supplément à acquitter, alors même qu'il bénéficiera d'un conseil personnalisé. Il est donc préférable d'avoir son propre notaire.

Stratégie #2

Acheter en prévision de sa retraite

À la retraite, on peut rencontrer des difficultés si l'on n'est pas propriétaire de son logement : on continue de payer un loyer en dépit de revenus moins élevés, on ne peut pas louer son logement et ainsi assumer les frais liés à la dépendance, de même que l'on ne peut pas le vendre et ainsi ne pas être à la charge de ses enfants ou de la collectivité. Cela constitue un véritable enjeu de société et incite à l'achat. De multiples outils permettent d'acquérir un bien en prévision de sa retraite, qu'il s'agisse d'un bien pour se loger soi-même ou d'un bien pour obtenir des compléments de revenus. Il est cependant impératif de ne pas s'y prendre trop tard.

En quoi est-ce une stratégie gagnante ?

Les revenus diminuent et il devient difficile de payer un loyer

À la retraite, vos revenus diminuent : vous ne recevez plus de prime ni de 13e mois (lorsque vous y aviez droit), de même que vos notes de frais ne sont plus remboursées. Même si vous ne receviez pas ces éléments complémentaires au salaire, vos revenus baissent. Il faut compter entre 25 et 50 % de diminution par rapport au dernier salaire selon le Conseil d'orientation des retraites (COR). Certes, tout dépend de l'activité occupée précédemment, mais, pour les salariés du secteur privé, la pension de retraite représente environ 50 à 75 % du dernier salaire, et pour les fonctionnaires, environ 70 à 80 % du dernier traitement. Pour les indépendants, il faut compter encore moins : 30 à 50 % du dernier salaire, voire moins si peu de cotisations ont été versées. Quant aux revenus moyens et supérieurs, les régimes de retraite ont des plafonds, ce qui aboutit à une diminution non négligeable des moyens financiers.

Si votre loyer représente un tiers de vos revenus en période d'activité – une proportion généralement exigée par les propriétaires pour accepter de louer le logement –, il peut représenter une somme équivalente à la moitié de vos revenus une fois à la retraite. Autrement dit, à part votre loyer, vous n'aurez pas les moyens de payer beaucoup d'autre chose. Certes, vos dépenses devraient diminuer, notamment vos frais de transport, vos impôts et le coût que représentent vos enfants, en principe autonomes financièrement. Pour autant, il est nécessaire de continuer de se chauffer, de se nourrir et de payer les frais liés à l'entretien de son logement (assurances, travaux d'entretien, etc.).

Si vous avez acheté votre logement en période d'activité et que vous avez remboursé votre crédit, vous n'aurez plus cette somme à débourser, qui peut s'élever à quelques milliers d'euros chaque mois. De manière générale, les banques acceptent de prêter aux personnes dont le crédit est remboursé avant l'âge de 70 ans, mais, dans tous les cas, il est préférable de caler la date de fin de remboursement de son crédit au plus tard au moment de son départ à la retraite.

À retenir

À quel âge faut-il acheter ? Il n'existe pas de réponse toute faite, puisque cela dépend du parcours et des moyens de chacun. Si vous avez besoin d'un crédit immobilier pour acheter, il ne faut toutefois pas s'y prendre trop tard. On recommande de ne pas acheter après 55 ans et d'acheter, dans tous les cas, avant ses 60 ans.

Une fois à la retraite, il est très difficile, voire impossible d'emprunter

Acheter un logement nécessite généralement d'emprunter. Parfois, il faut même souscrire un prêt relais pour acheter son nouveau logement avant d'avoir vendu l'ancien. Si, en théorie, toutes ces démarches peuvent être réalisées tout en étant âgé, en réalité, lorsque l'on dépasse l'âge de 55 ans (et a fortiori l'âge de 60 ou 65 ans), cela devient difficile. Les banques craignent que le client ne parvienne pas à rembourser son prêt, et ce, même si ses revenus de la pension de retraite sont suffisants pour assumer les mensualités du crédit ou qu'il dispose de revenus complémentaires à sa pension en raison d'un cumul emploi-retraite. En effet, le risque de décès et d'impossibilité de travailler et de toucher les revenus correspondants n'est pas négligeable. Statistiquement, les risques de maladies cardio-vasculaires, de maladies chroniques, mais aussi de chutes ou d'accidents augmentent avec l'âge. Dans le but d'éviter tout défaut de paiement, la banque impose une assurance-crédit, aussi appelée assurance emprunteur. Mais lorsque vous soumettez une demande à une compagnie d'assurance ou que vous prenez celle proposée par votre banque, le coût de la protection peut être très élevé, augmentant ainsi le coût du crédit et le rendant inaccessible.

Gare à l'assurance emprunteur

À retenir

Quel est le coût du crédit ? Chaque mois, vous remboursez le capital ainsi que la rémunération de la banque selon le taux annuel effectif global fixé au départ. Le TAEG comprend tous les éléments liés au crédit (les frais de dossier, les taux d'intérêt de la banque, l'assurance emprunteur...). Plus le TAEG est élevé, plus la rémunération de la banque est importante et le crédit cher. On considère que l'assurance emprunteur peut représenter 25 à 30 % du montant total du crédit.

De plus, en tant que senior, les formalités pour obtenir une assurance emprunteur sont complexes. Votre assureur va chercher à évaluer votre état de santé afin d'anticiper au mieux les modalités de remboursement de votre emprunt. Alors que les personnes plus jeunes peuvent être dispensées d'un questionnaire de santé, il est possible que vous soyez soumis à des formalités médicales. Ces dernières peuvent varier selon votre assureur et votre âge, le montant emprunté et votre état de santé. Vous aurez peut-être à remplir une déclaration d'état de santé, compléter un questionnaire et passer des examens médicaux. Par ailleurs, si vous avez été malade (notamment d'un cancer ou d'une hépatite C), la convention AERAS (S'assurer et emprunter avec un risque aggravé de santé) signée entre les différents acteurs du crédit, qui permet un droit à l'oubli après cinq ans de rémission, ne fonctionne que dans le cas où l'échéance du contrat d'assurance intervient avant le 71e anniversaire de l'emprunteur. Au-delà de cet âge, il ne sera pas possible d'emprunter, il faudra acheter comptant.

Astuce

Il ne faut pas omettre des problèmes de santé lors de la souscription de l'assurance. En effet, toute déclaration intentionnellement fausse ou mensongère peut entraîner la nullité pure et simple de votre contrat d'assurance.

Gager son crédit

Il existe cependant une solution pour se passer de l'assurance emprunteur : disposer d'assez d'argent en banque, dans des placements de type assurance-vie, ou dans de l'immobilier. La banque pourra alors accepter de « nantir » le crédit avec ces derniers : le crédit est gagé sur vos avoirs et, même si vous conservez ces derniers, vous ne pouvez plus en disposer comme bon vous semble. Rares sont les personnes pouvant bénéficier de ce type de système. En revanche, si le décès de l'emprunteur intervient avant la fin du remboursement du crédit, les héritiers devront le rembourser, ce qui n'est pas le cas avec l'assurance emprunteur.

On peut adapter son logement en fonction de ses besoins

Acheter son logement permet d'anticiper sa retraite et de se faire plaisir. Vous avez envie d'un potager, de vous promener en bord de mer, d'habiter dans la région de votre enfance ? Cela nécessite de se projeter, de faire le point sur ce que vous souhaitez pour vos années de retraite.

Adapter son logement

En tant que propriétaire, vous pouvez rester plus longtemps dans votre logement, car vous avez la possibilité de l'adapter à vos besoins à mesure que ces derniers se manifestent. Même si un locataire peut adapter son logement en cas de handicap ou de perte d'autonomie, la réalisation de ces travaux est plus facile lorsque l'on est propriétaire. Par exemple, nulle autorisation à demander pour remplacer la baignoire par une douche. En théorie, le bailleur ne peut pas s'opposer aux travaux réalisés par le locataire pour des raisons de handicap depuis le 1er octobre 2016. Dans les faits, le locataire doit suivre une procédure : il doit envoyer un courrier recommandé à son propriétaire lui indiquant sa volonté de réaliser les travaux. Au-delà d'un délai de quatre mois, l'absence de réponse du bailleur vaut acceptation et ce dernier ne pourra pas demander la remise en l'état de son logement au départ du locataire. Attention, seuls les travaux strictement liés au handicap et à la perte d'autonomie sont concernés par ce régime d'autorisation tacite. On trouve la liste des travaux autorisés dans le décret n° 2016-1282 du 29 septembre 2016, consultable sur legifrance.gouv.fr.

À retenir

Avec le vieillissement de la population, l'adaptation du logement devient cruciale. L'Insee estime à 4 millions le nombre de personnes en perte d'autonomie d'ici 2050. Les Ehpad ne peuvent pas accueillir tout le monde et, d'ailleurs, la très grande majorité des seniors veulent vieillir à leur domicile.

Des aides pour adapter son logement

Les travaux d'adaptation peuvent s'avérer onéreux et le senior n'a pas toujours les moyens de les financer. Des aides diverses existaient, telles que le crédit d'impôt ou les aides de l'Agence nationale de l'habitat (Anah), mais elles étaient dispersées et pas toujours aisées à récupérer. Depuis le 1er janvier 2024, pour davantage de simplicité, ces aides ont été regroupées au sein de l'Anah sous le nom de MaPrimeAdapt'. L'objectif est d'adapter 680 000 logements dans les dix prochaines années. Cette prime est destinée aux personnes de plus de 70 ans, quel que soit leur niveau de dépendance, mais aussi aux personnes âgées de 60 à 69 ans en perte d'autonomie précoce et aux personnes handicapées. La plupart des travaux d'aménagement du logement sont compris, depuis le monte-escalier électrique à la rampe d'accès extérieure en passant par l'installation de volets roulants. Le plafond maximum des travaux pris en compte pour le calcul de l'aide est fixé à 22 000 euros hors taxes. Les ménages modestes ont droit à 50 % du montant des travaux et les ménages très modestes à 70 %. Les ménages plus aisés, eux, n'ont pas droit à MaPrimeAdapt' ; le crédit d'impôt de 25 %, calculé sur le prix TTC d'achat de l'équipement, est maintenu, mais les dépenses prises en compte sont au maximum de 10 000 euros. Pour obtenir sa prime, il faut contacter France Rénov', qui s'occupe également de la rénovation énergétique sur le site france-renov.gouv.fr. France Rénov' fournira un accompagnateur dédié, qui assurera le suivi des travaux.

Acheter pour bénéficier de revenus complémentaires

Il est possible d'acheter un logement ou tout autre bien immobilier (un parking, par exemple) pour le louer et ainsi bénéficier de loyers, en complément de sa pension de retraite. Dans ce cas, il est possible de rester locataire de sa résidence principale, puisqu'il est possible d'utiliser les revenus issus de la location pour payer son loyer. Ce bien immobilier, loué pendant votre période d'activité, peut éventuellement constituer votre future résidence principale ou un pied-à-terre pour votre retraite. Le budget nécessaire pour acheter peut s'avérer moins important dans le cas d'un investissement locatif que d'une résidence principale. Même dans une grande ville, il est possible de trouver un studio ou un appartement de deux, voire trois pièces à moins de 200 000 euros. Il est alors possible d'acheter plus tard et d'emprunter une somme plus modeste sur un laps de temps plus court.

Attention

Si vous restez locataire à la retraite, vous êtes dépendant de vos loyers pour payer le vôtre. Il faut donc que votre locataire soit fiable.

Une autre possibilité est l'investissement sur le long terme. Plusieurs solutions, déclinées ci-dessous, existent et partagent un point commun : étant donné que vous ne pouvez pas profiter du logement dans l'immédiat, vous l'achetez moins cher. C'est seulement au bout d'un certain temps que le logement vous revient et que vous pouvez l'utiliser. Elle est une combinaison idéale pour la retraite, puisque vous n'avez pas forcément besoin du logement tout de suite, notamment si vous achetez dans une autre région que celle où vous vivez en raison de votre activité professionnelle. Au moment voulu, le logement sera disponible pour votre retraite.

Acheter un logement occupé

Comment cela marche-t-il ? En achetant un logement occupé, c'est-à-dire loué au moment où vous l'achetez, vous bénéficiez d'une décote d'environ 10 %. Une fois propriétaire, le bail du locataire se poursuit jusqu'à son terme et, à l'issue de ce dernier, vous pouvez lui donner congé pour habiter vous-même le logement. Vous devez prévenir votre locataire 6 mois avant la fin du bail, pour un logement loué vide, et 3 mois pour un meublé. Vous pouvez tout aussi bien continuer de le louer autant que vous le souhaitez, jusqu'à ce que vous en ayez besoin pour vous-même.

L'avantage est que vous percevez des revenus chaque mois au titre du loyer. Ce dernier peut compenser la mensualité de votre crédit et l'investissement est ainsi indolore. Il est également possible de bénéficier d'avantages fiscaux non négligeables liés au statut de bailleur privé.

L'inconvénient est qu'une gestion locative est un véritable travail, parfois fastidieux. Vous pouvez cependant confier la gestion de votre bien à une agence. Dans ce cas, il faut compter entre 6 et 10 % du loyer annuel, ce qui représente une somme non négligeable, mais qui peut être déduite des revenus issus des loyers et baisser ainsi votre imposition. De plus, en passant par une agence, vous bénéficiez d'une assurance, la garantie loyer impayé (GLI), en cas de défaut de paiement de votre locataire.

Acheter en viager

Comment cela marche-t-il ? Le viager consiste à acheter un bien immobilier à un tiers en échange d'une rente périodique (mensuelle, trimestrielle ou annuelle). Une somme est versée comptant à la signature de l'acte de vente, que l'on appelle le bouquet. L'acheteur, qui se nomme le débirentier, verse à un ou plusieurs vendeurs, le ou les crédirentier(s), une rente viagère à vie. Au décès du crédirentier, le viager cesse et le débirentier entre en possession du bien sans avoir à faire de démarche. Le viager peut être occupé : dans ce cas, le vendeur conserve l'usage du bien vendu jusqu'à son décès. Il peut habiter le logement ou bien le louer et percevoir des loyers. L'acheteur ne peut occuper le logement qu'à partir du décès du ou des vendeurs. Le viager peut, à l'inverse, être libre : l'acheteur dispose librement du bien pour l'occuper ou le louer et percevoir les loyers. Le bouquet payé comptant à la signature du contrat de vente représente, en principe, 30 % de la valeur totale du bien. La valeur de la rente, quant à elle, est estimée en fonction de plusieurs critères, tels que l'âge et l'espérence de vie du crédirentier, la valeur du bien, le montant du bouquet ou les loyers espérés.

Le viager présente l'avantage de pouvoir acheter, à moindre prix, des biens situés dans des villes inaccessibles autrement, puisque le prix du bouquet est bien moindre que la somme nécessaire pour l'achat d'un logement classique et que la rente à verser constitue une épargne forcée. Si vous n'avez pas tout de suite besoin du logement, optez pour un viager occupé, plus fréquent et donc plus facile à trouver qu'un viager libre.

L'inconvénient du viager est que le montant total payé au titre de la rente est très incertain, car il dépend de la durée de vie du débirentier. Une fois votre retraite venue, il n'est pas certain que l'occupant du logement soit décédé et que vous puissiez occuper le logement. Tout dépend de l'âge du crédirentier et de son état de santé. Si vous voulez occuper le logement dès votre retraite, il faut prévoir un plan B.

Un exemple de viager occupé dans le 16e arrondissement de Paris

Un viager pour la vie (Viager Immobilier Placement VIP), l'un des sites spécialisés dans le viager, propose l'exemple suivant.

Madame X est âgée de 75 ans et possède un appartement dans le 16e arrondissement de Paris, composé de deux-pièces et d'une superficie de 50 m². Le prix moyen de l'appartement est d'environ 450 000 euros. Madame X souhaite un bouquet d'une valeur de 100 000 euros. Selon l'Insee, l'espérance de vie théorique restante de Madame X est de 14,28 ans et le loyer mensuel théorique de son logement est de 1312 euros, soit un loyer annuel de 15 570 euros. Le

»

»

Un exemple de viager occupé dans le 16e arrondissement de Paris *(suite)*

manque à gagner pour l'acheteur est le suivant : 15 750 euros × 14,28 ans = 224 910 euros. Le montant restant à financer après le bouquet est donc le suivant : 225 090 euros – 100 000 euros = 125 090 euros.

La rente viagère annuelle correspond à la valeur résiduelle du bien divisée par l'espérance de vie, soit 125 090 euros / 14,28 ans = 8 760 euros. La rente viagère mensuelle s'élève ainsi à 730 euros.

Acheter en démembrement

Comment cela marche-t-il ? Le principe est le suivant : on divise un même bien immobilier en deux parties, la nue-propriété et l'usufruit. Il est possible d'acheter la nue-propriété, tandis qu'un autre est usufruitier. Le démembrement prend fin au décès de l'usufruitier ou bien au bout d'une période convenue entre le nu-propriétaire et l'usufruitier. Quelques leaders de ce type d'investissement existent sur le marché, notamment Agarim, Perl ou Inter Invest. L'usufruitier est généralement un service public ou une entreprise, qui conserve l'usufruit afin de loger ses fonctionnaires ou ses employés durant une période longue de 15 à 20 ans. Au bout de cette période, les logements sont remis à neuf, comme cela est prévu dans la convention d'usufruit signée entre le nu-propriétaire et l'usufruitier. Le propriétaire récupère alors le bien en pleine propriété et peut choisir de l'occuper, de le louer ou de le revendre.

L'avantage du démembrement est qu'il est, là encore, une solution pour acheter moins cher un bien au prix élevé, puisque le tarif à l'achat est inférieur d'environ 40 %. Les droits démembrés sont indépendants l'un de l'autre, mais ni l'usufruitier ni le nu-propriétaire ne peuvent procéder à la vente du bien démembré. L'accord des deux est obligatoire pour céder la pleine propriété du bien. Un autre avantage est que la nue-propriété échappe à l'assiette de l'impôt sur la fortune immobilière.

L'inconvénient est que le démembrement est un système un peu complexe, qui n'est pas à la portée de tous les investisseurs. Il faut bien choisir son programme et se faire conseiller sur le contenu de la convention par un notaire ou un avocat spécialisé.

Financer la dépendance

Posséder un bien immobilier permet de financer la dépendance quand celle-ci survient. En effet, lorsque l'on est âgé et que l'on ne peut plus se débrouiller seul, on doit faire appel à des intervenants extérieurs, tels que des auxiliaires de vie, des médecins ou des infirmiers, des agents d'entretien ou un jardinier, qu'il faut pouvoir rémunérer. Ces montants représentent plusieurs centaines d'euros par mois et s'ajoutent à votre loyer si vous n'êtes pas propriétaire. De telles sommes peuvent être trop lourdes et vous êtes alors à la charge de vos enfants ou de la collectivité. Le problème est le même lorsque vous avez besoin de vivre dans une résidence senior ou un Ehpad, mais que vos revenus sont limités et vos économies insuffisantes ; là encore, vous êtes à la charge de vos enfants. Avec un bien immobilier, vous dégagez des revenus suffisants, soit en le louant, soit en le vendant. L'immobilier est donc un placement qui permet de se loger, puis d'assurer la dépendance.

Comment en faire une stratégie gagnante ?

Ne pas se tromper de destination

L'achat immobilier implique des sommes importantes et nécessite donc d'être certain de ses choix. La question de la localisation de son bien est primordiale. Préférez-vous habiter dans la ville de votre activité professionnelle ou, au contraire, souhaitez-vous déménager dans une autre région ? Si vous optez pour le changement, cela nécessite de faire attention au déracinement. En effet, c'est souvent par l'intermédiaire de sa vie professionnelle ou de ses enfants que l'on se crée un cercle d'amis. Changer de ville ou de région implique de vous éloigner de vos amis, de vos voisins, des commerçants et de vos habitudes, ce qui peut vous déstabiliser. Rappelons-le : la retraite est déjà déstabilisante en soi. Il peut être intéressant de vous investir localement dans des associations afin de rencontrer d'autres personnes. De même, le déracinement peut être moindre si vous choisissez une ville ou une région dans laquelle vous avez des attaches familiales ou amicales – bien que les amis ne fassent pas tout. Attention également au choix des « vacances toute l'année » : les villes de bord de mer ou de montagne peuvent présenter une ambiance bien différente entre les périodes estivales et le reste de l'année, notamment en ce qui concerne les activités culturelles ou le nombre de commerces ouverts.

Une offre de santé suffisante

Un tel changement de région nécessite aussi de se renseigner sur l'offre de santé sur place. En France, les « déserts » médicaux, ou zones sous-denses en médecins, sont en effet nombreux. L'accès aux soins y est insuffisant et la densité de médecins généralistes est trop faible. Ce phénomène touche aussi bien les zones rurales que certaines zones urbaines. Paradoxalement, l'Île-de-France est fortement touchée, avec plus de la moitié de la population vivant en zone « rouge », c'est-à-dire confrontée à une offre de soins insuffisante ou à des difficultés d'accès aux soins selon le ministère de la Santé. Selon ce dernier, l'Aisne, l'Eure-et-Loir, l'Indre, le Cher, la Sarthe, la Vendée, l'Ain ou le Lot-et-Garonne sont particulièrement touchés par ce problème.

Si l'on souffre d'une pathologie particulière, il est préférable de ne pas trop s'éloigner des grandes villes qui abritent de grands hôpitaux (CHU), telles que Bordeaux, Toulouse ou Lyon.

Quiz : êtes-vous prêt à acheter dans une autre région ou une autre ville ?

- Vous connaissez des personnes habitant la région dans laquelle vous souhaitez vous installer : oui (2 points) / non (1 point)
- Vous possédez une résidence secondaire ou une maison de famille dans la région dans laquelle vous souhaitez vous installer : oui (2 points) / non (1 point)
- Vous avez déjà déménagé dans des villes ou régions différentes : oui (1 point) / non (0 point)
- Vous êtes investi dans plusieurs associations dans votre région actuelle ou avez des hobbys (par exemple, des cours collectifs) : oui (2 points) / non (0 point)
- Vous avez déjà contacté des associations sur place et commencez à vous investir : oui (3 points) / non (1 point)
- Vous avez un contact facile et nouez facilement des amitiés et relations : oui (3 points) / non (0 point)
- Vous êtes actif et avez des centres d'intérêt en dehors de votre travail (peinture, musique ou sport) : oui (2 points) / non (0 point)

Résultat :

- Au-dessus de 11 points : vous voilà prêt à acheter dans la région de votre choix !

»

»

» Entre 8 et 15 points : préparez davantage votre départ en vous investissant localement.

» Moins de 8 points : vous risquez de regretter un tel déracinement, réexaminez votre intention de déménager.

Bien choisir entre maison et appartement

Avant de chercher un logement en prévision de votre retraite, décidez entre une maison ou un appartement. Les deux comportent des avantages comme des inconvénients.

La maison

Une maison présente les avantages suivants : nul voisin au-dessus de sa tête, un extérieur (un jardin ou une terrasse) le plus souvent, une surface plus vaste (100 m^2 en moyenne, contre 80 m^2 pour un appartement). En général, vous n'êtes pas en copropriété, ce qui permet, par exemple, de ne pas être soumis à une décision de travaux. Attention, certaines maisons sont en copropriété (on appelle cela des copropriétés horizontales).

Une maison présente aussi des inconvénients, à commencer par la nécessité d'un entretien plus important. Si la toiture est à refaire ou s'il faut ravaler la façade, vous serez seul à en assumer le coût. L'entretien d'un jardin est parfois pesant. De plus, une maison peut être davantage isolée qu'un appartement situé proche des commerces et des commodités. Certes, il existe aussi des maisons en centre-ville, toutes aussi proches de ces commodités, mais elles sont plus chères. Quant à une piscine, il faut compter une heure d'entretien par jour en été.

L'appartement

Dans le cas d'un appartement, on bénéficie d'un espace qui nécessite généralement moins d'entretien qu'une maison et qui peut être doté d'équipements utiles lorsque l'on est âgé, tels qu'un ascenseur ou un vide-ordures, qui permet de ne pas avoir à descendre sa poubelle. Un gardien d'immeuble peut également être présent et rendre des services. Par ailleurs, on se sent souvent moins isolé, ce qui est plus agréable.

Le principal inconvénient d'un appartement est que la copropriété est une gestion complexe, parfois coûteuse. Même si l'on choisit de ne pas s'en occuper, il est préférable d'assister aux assemblées générales, de suivre les travaux prévus et de pouvoir en assumer le prix. Les ravalements ou les travaux de rénovation énergétique sont en effet coûteux.

Prendre en compte les différents âges de la retraite et ne pas craindre les travaux d'adaptation du logement

De nos jours, on vit plus longtemps et c'est tant mieux ! L'Insee indique que l'espérance de vie en 2025 est de 85,6 ans chez les femmes et 80 ans chez les hommes. Si l'on part à la retraite entre 65 et 70 ans, cela laisse plusieurs âges à prendre en compte. On peut, par exemple, être alerte de 70 à 80 ans, puis en moins bonne santé de 80 à 90 ans.

Le logement sera tout à fait différent en fonction de son état de santé et de sa mobilité. On peut choisir un logement pour le début de sa retraite, puis en changer plus tard, ou encore réaliser plus tard des travaux d'adaptation dans son logement s'il s'y prête. Bien qu'il soit parfois difficile de se projeter, il est intéressant d'y réfléchir.

Astuce

À partir de 75 ans, il est possible de bénéficier d'un diagnostic, intitulé « bien chez soi », proposé par la Caisse nationale d'assurance vieillesse (CNAV). Pour plus de renseignements, il faut appeler le 39 60. Une participation financière de 15 euros est demandée lors du diagnostic, puis les travaux sont à la charge du propriétaire.

Penser au logement de plain-pied

Acheter une maison de plain-pied est évidemment une bonne option. À défaut, il est possible de choisir une maison avec un étage, mais qui comporte, par exemple, des sanitaires et une chambre accessibles au rez-de-chaussée.

Réaliser des travaux utiles

Si vous avez la possibilité de réaliser des travaux dans le logement que vous achetez en prévision de votre retraite, certains éléments sont à prendre en compte. Et ce, afin de disposer d'un logement dans lequel vous pourrez rester le plus longtemps possible et qui sera agréable à vivre, tant pour vous que pour vos enfants et petits-enfants.

Le principal objectif est d'éviter les chutes. Le ministère de la Santé indique que, chaque année, près de 2 millions de chutes sont responsables de près de 10 000 décès de personnes âgées de plus de 65 ans. Il s'agit de la première cause de mortalité accidentelle dans cette tranche d'âge et la première cause de plus de 130 000 hospitalisations. Les chutes ont des conséquences physiques, psychologiques et sociales et réduisent la qualité de vie des individus. Elles constituent par ailleurs un événement de rupture dans le parcours de vie des sujets âgés sur le plan de l'autonomie.

Voici quelques idées de travaux pour éviter les chutes.

» **Les éclairages doivent être de bonne qualité et bien positionnés. Bien que la semi-obscurité soit agréable, les endroits avec des marches, des escaliers et des obstacles doivent être bien éclairés. De manière générale, il faut éviter les petites différences de niveau ; par exemple, les escaliers qui mènent à la porte d'entrée. Et ce, dans l'intérêt de tout le monde et non seulement dans celui des personnes âgées, car les petits-enfants ou un adulte inattentif peuvent aussi chuter.**

» **Des bandes antidérapantes peuvent être fixées dans la salle de bains ou les escaliers de façon à éviter les chutes graves. Elles peuvent être colorées pour un meilleur repérage visuel. Elles permettent une meilleure stabilité à la marche au sein d'espaces à risques de chutes particulièrement élevés. Ces bandes sont à fixer directement au sol, sur le revêtement de la salle de bains ou sur les marches. Elles coûtent moins de 20 euros.**

» **Dans les endroits où la chute est possible, des mains courantes et des barres d'appui peuvent être prévues. On pensera à les choisir esthétiques.**

» **La cuisine doit être conçue de façon astucieuse (ce que fait d'ailleurs tout bon cuisiniste). Pour prévoir l'espace entre le frigo, l'évier et la cuisinière, les professionnels conseillent de tracer un triangle dont la somme des côtés ne doit pas dépasser 6,50 mètres. Il est également possible de prévoir un plan de travail « surbaissé », à hauteur d'enfant, qui permet de s'asseoir pour cuisiner. Il est même possible d'opter pour un évier réglable en hauteur.**

» **Dans la salle de bains, il est possible d'installer des barres d'appui, voire de laisser de la place pour installer un tabouret, qui permet de se reposer. Lorsque l'on conçoit une nouvelle salle de bains, il faut penser à un espace formant un cercle de 1,50 mètre de diamètre devant le lavabo, afin de pouvoir y placer un fauteuil roulant. Si le logement abrite deux personnes, il faut un diamètre de 1,90 mètre devant le lavabo, ainsi que prévoir un espace de 80 cm à côté (ou 1,30 mètre à l'avant) des toilettes. Il est préférable de choisir un carrelage antidérapant, à la surface en relief, ainsi que les nouveaux sanitaires suspendus, qui sont idéaux, car ils simplifient l'entretien du sol et de l'espace sous le lavabo et peuvent être utiles si l'on a besoin de s'asseoir.**

Partie 2

Acheter pour protéger ses proches

Dans cette partie

Conjoint, enfants, membres de la famille... Disposer d'un logement permet d'offrir une sécurité précieuse, surtout dans un contexte où l'accès au logement devient de plus en plus difficile, partout en France – et pas seulement dans les grandes villes.
En cas de coup dur ou d'événement imprévu, avoir un toit sur la tête et un patrimoine à transmettre peut faire toute la différence.
L'immobilier permet aussi de loger un enfant étudiant, d'accueillir un parent âgé, ou encore de soutenir ses petits-enfants.
Ce domaine est toutefois très encadré juridiquement. Pour que cette démarche soit efficace et sécurisée, il vaut mieux agir dans l'ordre et respecter les règles. Cette partie détaille les différentes options possibles pour protéger vos proches.

Stratégie #3

Acheter pour protéger son conjoint

En investissant dans l'immobilier, vous protégez votre conjoint en cas de décès ou d'invalidité et lui permettez de compléter sa retraite, si le montant de cette dernière n'est pas très élevé. De nombreuses options s'offrent à vous et l'immobilier peut prendre différentes formes, avec différents budgets. Il faut bien évaluer vos besoins et adapter votre investissement à ces derniers pour choisir la meilleure solution possible.

En quoi est-ce une stratégie gagnante ?

Doter son conjoint d'un élément de patrimoine substantiel

Acheter un bien immobilier permet d'abord, très concrètement, de donner un toit, un abri au conjoint survivant en cas de décès. De plus, il s'agit d'un élément substantiel de patrimoine à lui transmettre, puisqu'un appartement ou une maison ont généralement une valeur non négligeable : le conjoint peut en tirer des revenus en le louant ou en le vendant.Sur le long terme, l'immobilier est un bon placement par rapport à d'autres, car il s'apprécie au fil du temps. Même si le marché immobilier est parfois soumis à des fluctuations conjoncturelles notables, les biens immobiliers prennent globalement de la valeur sur une longue période. Certes, depuis 2022 et le début de la guerre en Ukraine, l'augmentation des taux d'intérêt a limité l'accès au crédit et diminué le pouvoir d'achat des vendeurs, ce qui a entrainé la baisse des prix de l'immobilier. Ces derniers, dans la foulée de la crise sanitaire, avaient beaucoup augmenté et, dans certaines villes, les prix avaient ainsi cru de 10 %, parfois de 20 %, en quelques années. Les baisses ont été limitées par endroit.

À retenir

Depuis 2000, l'Insee estime que les prix ont été multipliés par 2,7 dans toute la France et par 3,4 à Paris.

Quel taux de retour sur investissement ?

Pour aller plus loin, l'Institut de l'épargne immobilière et foncière (IEIF), qui étudie les rendements de l'immobilier sur les quinze dernières années, a montré que la hiérarchie des performances entre les différents types de placements fait la part belle à l'immobilier. Pour comparer les différents types de placements, l'IEIF a calculé leur taux de retour sur investissement (TRI). Cet indicateur financier mesure la pertinence d'un projet en calculant tous les flux financiers (l'argent que l'on y investit, l'argent que l'on en retire, mais aussi toutes les dépenses, comme les impôts), puis en comptabilisant l'ensemble sur un rendement annuel. Résultat : depuis 2007, même si l'or arrive en 1re position avec un TRI de 7,4 %, grâce à son extraordinaire progression de 2008-2009 lors de la grande crise financière, l'immobilier (la partie concernant les logements) génère un TRI de 5,7 %. La Bourse, c'est-à-dire les actions, quant à elles, possèdent un TRI aux alentours de 4 %, en raison d'une baisse importante de 40 % enregistrée en 2008. Sur une plus longue période, de 1982 à 2022, l'IEIF estime toutefois que les actions en Bourse restent le support de placement le plus performant avec un TRI de 15,1 % sur 40 ans. Une très forte volatilité pénalise cependant cette classe d'actifs : certaines années présentent une baisse de 40 %, comme en 2008, tandis que d'autres une hausse de 50 %, comme en 1999. Gérer des actions nécessite, en outre, un niveau de compétence et d'attention qui n'est pas donné à tous. Un achat immobilier est donc une option intéressante, qui présente aussi l'avantage d'être plus concrète.

Protéger son conjoint et ses enfants en cas de décès ou d'invalidité

On se pose souvent la question suivante : « Si je décède ou deviens invalide à la suite d'un grave accident, qui va payer la mensualité de crédit ? Mes enfants et mon conjoint se retrouveront-ils à la rue ? » Bonne nouvelle, dans le cadre d'un crédit immobilier, la banque exige une assurance emprunteur, dite assurance-crédit. Autrement dit, lorsque l'on ne peut pas rembourser son crédit immobilier en raison d'un accident, d'une maladie ou d'un décès, l'assurance emprunteur prend le relais et rembourse la mensualité. En fonction du profil et de l'âge du couple emprunteur, l'assurance peut représenter une centaine d'euros par mois. Lorsque l'on emprunte en couple, la banque impose une assurance à chacun des co-emprunteurs, avec un minimum d'assurance à 100 % pour le couple.

À retenir

L'assurance-crédit n'est pas obligatoire, mais, dans les faits, elle est exigée par les banques, qui n'accordent aucun crédit sans cette dernière. Seules les personnes très fortunées peuvent utiliser leur patrimoine ou leur épargne pour « nantir » un crédit immobilier et se passer d'assurance.

En fonction de la situation de chacun, il est possible de choisir une quotité à 100 % pour chacun des conjoints et, dans ce cas, le couple est assuré à 200 % et le remboursement du crédit est intégral en cas d'impossibilité de l'un des emprunteurs. Le conjoint survivant est totalement couvert et cela lui assure de ne plus avoir à débourser d'argent pour la mensualité. La cotisation est cependant élevée. Pour diminuer son coût, il est possible de choisir une quotité à 50 % pour chacun des conjoints et, dans l'éventualité d'un décès ou d'une invalidité, le conjoint survivant devra continuer à payer la moitié du crédit. La quotité peut être de 30 % pour l'un et de 70 % pour l'autre, selon les revenus de chacun. Si l'un des conjoints est, par exemple, plus jeune, en meilleure santé ou bénéficie d'une situation professionnelle plus favorable, sa quotité peut être plus importante et le coût global de l'assurance réduit.

Réaliser des simulations

Il faut évaluer les différents risques et demander des simulations. Pour ce faire, il est possible de souscrire simplement l'assurance proposée par sa banque. Alternativement, on peut contacter des comparateurs d'assurances, tels que Le Lynx, Réassurez-moi ou Les Furets. Les courtiers en crédit immobilier, comme Meilleurtaux, Pretto ou Cafpi, peuvent également vous apporter des solutions. En effet, l'assurance proposée par la banque (dite assurance groupe) est souvent plus chère et il est tout à fait possible de passer par un autre assureur. Celui-ci vous guidera au sein des différentes couvertures et des démarches administratives, ainsi que sur la façon de montrer à votre banque que l'assurance à laquelle vous souhaitez souscrire est équivalente à la leur.

Un peu de technique

Le Comité consultatif du secteur financier (CCSF), dont les décisions font autorité auprès des banques et des assurances, a fixé des critères minimaux. Ils sont au nombre de 18 pour les garanties « perte totale et irréversible d'autonomie » (PTIA) et « incapacité et invalidité », et au nombre de 8 pour la garantie « perte d'emploi ». La banque choisit 11 critères parmi les 18 pour les premières, et 4 pour la garantie « perte d'emploi ». Ces critères sont résumés dans une fiche d'information standardisée (FIS), qui détaille les garanties conditionnant l'octroi du financement ainsi que les critères exigés pour chacune d'entre elles.

Changer d'assurance

Si tout cela est trop compliqué à comprendre au moment de l'achat, pas de panique : il est possible de changer d'assurance à tout moment depuis la loi Lemoine du 28 février 2022. Pour changer d'assurance, il faut d'abord adhérer au nouveau contrat, puis envoyer sa lettre de résiliation à sa banque avec les conditions générales et particulières du nouveau contrat. La banque doit donner sa réponse sous dix jours et ne peut refuser que par écrit et de manière motivée. De plus, son refus ne peut porter que sur le non-respect de l'équivalence des niveaux de garanties. Un courtier en crédit et en assurance peut vous aider dans les démarches.

Un complément de revenus régulier

Il est tout à fait possible d'obtenir un complément de revenus chaque mois par le biais d'un loyer payé par un locataire. L'immobilier locatif peut notamment être intéressant si, dans un couple, l'un des conjoints, qui a peu travaillé ou perçu un petit salaire, percevra une retraite faible. Le grand avantage est que les loyers sont indexés sur l'inflation et que le patrimoine se valorise avec le temps.

Quel bien acheter ?

Tout dépend d'abord de votre budget et de vos objectifs. Le choix est vaste : il peut s'agir d'un appartement dans une grande ville, dans une ville moyenne ou d'un plus grand logement. En fonction de votre budget et de la ville choisie, vous pourrez acheter une petite surface, à louer par exemple à des étudiants, ou bien un appartement, à louer à une famille. Avant d'acheter, il convient de se renseigner sur les prix de l'immobilier. Les sites d'estimation et d'annonces, tels que Meilleurs Agents, Efficity, SeLoger ou encore Bien'Ici, ainsi que le site du gouvernement explore.data.

gouv.fr, qui recense les transactions enregistrées par l'administration fiscale, peuvent vous donner ce genre d'informations. Les données y sont très fiables, puisqu'il s'agit de transactions réelles et non de prix annoncés. Un notaire peut également vous renseigner, puisqu'il a accès aux données non accessibles au public. Dans tous les cas, il est indispensable de bien se renseigner sur la ville dans laquelle vous choisissez d'investir ; il est même préférable de la connaître, voire d'y habiter. Il faut se renseigner sur le quartier, ses perspectives, mais aussi sur le voisinage ou les transports ; finalement, sur tout ce qui contribue à la valeur d'un logement.

Il faut ensuite déterminer le montant du loyer, afin de juger de la rentabilité de l'opération. Les mêmes sites ont généralement des onglets avec les loyers moyens. Il convient d'affiner en regardant les annonces de location dans le secteur que vous convoitez, tout en vous assurant de la qualité des biens. Enfin, il faut opérer un calcul de rentabilité.

Comment l'acheter ?

On peut acheter le logement soi-même ou passer par une plateforme qui aide les investisseurs à trouver leur logement, le rénover et le gérer. La conjoncture actuelle de l'investissement locatif étant complexe, les plateformes proposent peu de choses, mais on peut se tourner vers Maslow ou Victor investissements. On peut aussi citer Trackstone, Beanstock, Investissement-locatif.com, qui mettent en relation des propriétaires, dont le bien est déjà loué, et des acheteurs. La vente se fait donc « occupée » : le bail du locataire en place se poursuit comme si le bien n'avait pas été vendu. Le prix est alors en partie décoté (d'environ 11 %).

Gérer le bien

Vous pouvez gérer votre bien immobilier en direct ou en déléguer la gestion à un professionnel, moyennant 5 % de commission sur les loyers. Environ 50 % des propriétaires gèrent eux-mêmes leur bien en location, mais cela nécessite du temps et de bonnes connaissances en matière de gestion locative. De nouvelles plateformes en ligne, telles que Smartloc, Imodirect, Gererseul, BailFacile ou Je déclare mon meublé, proposent une aide aux propriétaires, ce qui est un bon compromis sur le moyen-terme entre la gestion classique en agence et l'autogestion.

Calculer rapidement la rentabilité d'un investissement locatif

Les professionnels de l'immobilier calculent le rendement d'un placement locatif de la façon suivante. Attention, les résultats obtenus ne sont pas à prendre au pied de la lettre, car de nombreux facteurs influent, tels que la vacance locative (lorsque l'appartement n'est pas loué 100 % du temps). Pour autant, il est un moyen simple de calculer le rendement.

Rendement brut = (loyers bruts annuels hors charge × 100) / prix d'achat

Si l'on prend l'exemple d'un studio de 20 m² acheté 80 000 euros et loué 15 euros/m²/mois :

(20 × 15 × 12) / 80 000 = 4,5 %

Son rendement brut est donc de 4,5 %.

Cet indicateur ne prend pas en compte les charges liées à la possession du logement (les coûts d'entretien, de travaux...) ni la fiscalité ou les flux de trésorerie, mais c'est une première approche.

Comme pour tous les placements, plus le rendement est élevé, plus les risques sont importants. En effet, dans les villes dans lesquelles les prix sont bas et les loyers relativement élevés, le rendement peut paraître intéressant, mais le prix bas de la ville est signe d'une mauvaise santé économique et le risque de vacance locative est élevé. Dans les grandes villes dynamiques, les prix à l'achat sont chers, ce qui fait baisser le rendement locatif, mais le risque de vacance locative est faible.

Pour obtenir le rendement net, il faut déduire des loyers toutes les charges et les impôts. Selon les professionnels, on peut compter sur 1 à 2 % de rentabilité pour un investissement peu risqué, et jusqu'à 5 ou 6 % pour un investissement plus risqué.

Un avantage fiscal

Lors de l'achat d'un bien immobilier locatif, il est parfois possible de bénéficier d'un avantage fiscal, notamment si vous décidez de le louer à des personnes modestes ou d'engager de gros travaux avant de le mettre en location. Toutefois, il vaut mieux étudier toute l'économie du projet et ne pas seulement penser à l'économie d'impôt. Il est en tout cas intéressant de savoir que ces régimes existent pour les utiliser au besoin.

Le régime le plus connu du grand public est le dispositif **Pinel**, du nom d'une ancienne ministre du Logement. Ce dispositif permet d'acheter un logement neuf et de le louer durant 6 à 12 ans à un loyer abordable, en échange de réductions d'impôts (sommes déduites du montant de l'impôt) allant de 12 à 21 %. Il n'a pas été remplacé à cette date.

D'autres dispositifs existent et peuvent être intéressants. Le régime **Loc'Avantages**, par exemple, concerne aussi bien les logements neufs que les logements anciens, bien que, dans la pratique, l'ancien est au cœur du dispositif. Le concept est de conclure une convention avec l'Anah et de s'engager à louer un logement pendant au moins 6 ans, à un loyer situé entre 15, 30 et 45 % (pour les logements sociaux) en dessous des prix du marché. Cela offre une réduction d'impôt de 15 à 35 % en fonction du niveau de loyer fixé. Si le ménage fait appel à une intermédiation locative, c'est-à-dire une structure dont le métier est de s'occuper de locations sociales, la réduction peut être de 65 %. Les ressources du locataire sont plafonnées et varient en fonction des secteurs géographiques. Les plafonds sont actualisés chaque année. Ce dispositif reste pour l'instant peu utilisé en raison de sa complexité et de l'effort financier non négligeable demandé au bailleur, mais il reste un dispositif permettant une défiscalisation.

Enfin, les bailleurs qui souhaitent rénover des logements anciens dans des villes moyennes disposent d'un outil, le dispositif **Denormandie**, du nom d'un ancien ministre du Logement. Le bailleur doit rénover un logement ancien situé dans une ville faisant partie du système de redynamisation des villes, baptisé « cœur de ville ». Les travaux doivent représenter 25 % du coût total de l'opération et améliorer la performance énergétique du logement de 20 % au moins. Il faut ensuite fixer un loyer en dessous d'un plafond, fonction de la zone géographique dans laquelle est situé le logement, et le louer pendant 6 à 12 ans. En échange, une réduction d'impôt s'applique : de 12 à 21 % du prix du bien. Là encore, ce dispositif relativement compliqué, en raison des lourds travaux à réaliser, reste encore peu utilisé. Toutefois, il peut être intéressant si l'on est aidé par une structure d'investissement locatif pour monter le projet.

Investir avec un petit budget

Même dans une région où les biens immobiliers restent abordables, acheter nécessite tout de même plusieurs milliers d'euros, voire plusieurs centaines de milliers. Si vous ne disposez pas des moyens financiers nécessaires pour acheter un bien entier ou ne le souhaitez pas, mais que vous voulez tout de même investir, il est possible d'acheter des « morceaux » d'immobilier.

Le dispositif le plus connu consiste à acheter des parts d'une **société civile de placement immobilier** (SCPI). Il est possible de démarrer par l'achat d'une seule part avec un budget de 500 à 1000 euros. Une SCPI est une société non cotée en Bourse, qui collecte des fonds auprès d'investisseurs multiples dans l'objectif d'acquérir et de gérer du patrimoine immobilier, puis de le louer ou de le vendre. En achetant des parts, vous devenez propriétaire d'un « morceau » du portefeuille de biens et vous recevez chaque mois ou chaque trimestre les loyers correspondants, ce qui permet de bénéficier de revenus supplémentaires. Comme pour tout placement, il faut garder à l'esprit que si la rentabilité annoncée est très élevée, le risque l'est aussi (ou bien la rentabilité annoncée est surévaluée). Les SCPI sont créées et gérées par des sociétés de gestion, qui vendent des parts soit directement auprès des investisseurs, soit par le biais de distributeurs, comme les banques. Vous pouvez poser la question à votre conseiller financier.

L'un des avantages de la SCPI est d'investir dans l'immobilier sans les contraintes généralement associées à la gestion d'un bien. La société de gestion s'occupe de la recherche des locataires, de l'état des lieux, des charges, des travaux, de la récupération des loyers et du versement des revenus aux porteurs de parts sous forme de dividendes. L'Autorité des marchés financiers (AMF) délivre un agrément aux sociétés de gestion et assure leur suivi tout au long de leur vie. Elle s'assure de l'exactitude et de la transparence des informations délivrées à l'investisseur. Les SCPI investissent dans diverses formes d'immobilier, tels des bureaux, des logements ou des établissements de santé. Des zones d'investissement peuvent également être indiquées, comme les capitales régionales, par exemple.

À capital fixe ou variable ?

Avant de souscrire, renseignez-vous s'il s'agit d'une SCPI à capital fixe ou à capital variable. Dans le cas d'une SCPI à capital variable, la taille de la SCPI varie en fonction des demandes de souscription (achat) ou de retrait (vente). Les SCPI à capital fixe inscrivent le montant plafond de leur capital dans leurs statuts. Leur nombre de parts est donc limité. Un autre problème tient au fait qu'une fois entré dans le système des SCPI, encore faut-il pouvoir en sortir. Il est nécessaire qu'un investisseur soit d'accord pour racheter vos parts, ce qui n'est pas toujours évident lorsque le marché immobilier traverse une mauvaise passe, comme actuellement. Le risque de perte en capital n'est donc pas négligeable. Par ailleurs, les sociétés de gestion appliquent des frais de gestion et de sortie ou d'entrée, qui grèvent la rentabilité. Pour toutes ces raisons, on envisage plutôt les SCPI comme un moyen de diversification de son patrimoine.

Acheter sur le long terme et payer moins cher

Si vous n'êtes pas encore très âgé, mais que vous souhaitez, avec votre conjoint, bénéficier d'un complément de retraite, il est possible d'acheter à plus long terme. Vous ne profitez pas tout de suite du logement, mais avez la possibilité d'y habiter plus tard. Le principal avantage de ce type d'investissement est que le bien est beaucoup moins cher à l'achat.

Acheter en viager

Le viager consiste à acheter un bien immobilier à un tiers en échange d'une rente périodique (mensuelle, trimestrielle ou annuelle). Une somme est versée comptant à la signature de l'acte de vente, que l'on appelle le bouquet. L'acheteur, qui se nomme le débirentier, verse à un ou plusieurs vendeurs, le ou les crédirentier(s), une rente viagère à vie. Au décès du crédirentier, le viager cesse et le débirentier entre en possession du bien sans avoir à faire de démarche. Le viager peut être occupé : dans ce cas, le vendeur conserve l'usage du bien vendu jusqu'à son décès. Il peut habiter le logement ou bien le louer et percevoir des loyers. L'acheteur ne peut occuper le logement qu'à partir du décès du ou des vendeurs. Le viager peut, à l'inverse, être libre : l'acheteur dispose librement du bien pour l'occuper ou le louer et percevoir les loyers.

Un peu de technique

Le bouquet payé comptant à la signature du contrat de vente représente, en principe, 30 % de la valeur totale du bien. La valeur de la rente, quant à elle, est estimée en fonction de plusieurs critères, tels que l'âge et l'espérence de vie du crédirentier, la valeur du bien, le montant du bouquet ou les loyers espérés.

Le viager présente l'avantage de pouvoir acheter, à moindre prix, des biens situés dans des villes inaccessibles autrement. L'inconvénient est que le montant total payé au titre de la rente est très incertain, car il dépend de la durée de vie du débirentier.

Exemple

L'exemple de Jeanne Calment, qui a vécu 122 ans, obligeant ainsi les héritiers de l'acheteur à continuer de payer le viager, a fortement marqué les esprits. Côté vendeur, le viager est souvent mal perçu, puisque les enfants ne se verront pas transmettre le bien au décès de leurs parents.

Acheter en démembrement

Il est également possible d'acheter en démembrement de propriété. Le principe est le suivant : on divise un même bien immobilier en deux parties, la nue-propriété et l'usufruit. Il est possible d'acheter la nue-propriété, tandis qu'un autre est usufruitier (c'est-à-dire qu'il peut habiter dans le logement ou percevoir les loyers). Le démembrement prend fin au décès de l'usufruitier : le nu-propriétaire devient alors l'unique propriétaire, sans droit de succession à payer, et peut occuper, louer ou vendre le logement. Ce modèle est intéressant lorsque les parents vieillissent et ne peuvent plus s'occuper de leur patrimoine immobilier. Mais il est possible d'investir en démembrement. Quelques leaders de ce type d'investissement existent sur le marché, notamment Perl ou Inter Invest. L'usufruitier est généralement un service public ou une entreprise, qui conserve l'usufruit afin de loger ses fonctionnaires ou ses employés durant une période longue de 15 à 20 ans. Au bout de cette période, les logements sont remis à neuf, comme cela est prévu dans la convention d'usufruit signée entre le nu-propriétaire et l'usufruitier. Le propriétaire récupère alors le bien en pleine propriété et peut choisir de l'occuper, de le louer ou de le revendre. C'est là encore une solution pour acheter moins cher un bien au prix élevé, puisque le tarif à l'achat est inférieur d'environ 40 %. Les droits démembrés sont indépendants l'un de l'autre, mais ni l'usufruitier ni le nu-propriétaire ne peuvent procéder à la vente du bien démembré. L'accord des deux est obligatoire pour céder la pleine propriété du bien. L'inconvénient est que pendant la période de démembrement, le conjoint ne reçoit pas de revenus ; il faut donc le voir comme un investissement à long terme.

Comment en faire une stratégie gagnante ?

Bien s'assurer de son régime matrimonial

En fonction du régime matrimonial, la protection du conjoint peut être plus ou moins forte. En cas de décès de l'un des conjoints, le conjoint survivant peut être contraint de quitter la maison ou l'appartement, ou bien, au contraire, hériter du bien si le régime matrimonial le prévoit. Le tout est de le prévoir en amont.

L'union libre

Lorsque le couple vit en union libre, ou concubinage, le système de l'indivision s'applique. En cas de décès, le concubin survivant n'hérite pas et ne possède que sa part du logement. Les héritiers peuvent décider de vendre le logement et, dans ce cas, le concubin survivant devra quitter le logement. La seule solution qui s'offre à lui est d'acheter la part de son partenaire décédé, mais encore faut-il en avoir les moyens. Si les enfants du couple sont encore mineurs, il est toutefois possible de conserver l'indivision, à condition d'engager une procédure à l'issue de laquelle le juge judiciaire l'accepte ou non.

Pour contrer cet effet de l'indivision, il est possible de rédiger un testament en faveur de son concubin. Il est même conseillé de rédiger des testaments croisés et de se donner les biens l'un à l'autre. Attention toutefois, car les droits de succession sont alors élevés, à hauteur de 60 % après un abattement de 1 594 euros. De plus, le testament doit respecter la réserve héréditaire, c'est-à-dire la somme réservée aux héritiers (par exemple, si l'un des concubins a des enfants d'une union précédente).

Il est également possible de rédiger, dans la convention d'indivision, une clause de rachat, afin de permettre à chacun des concubins de racheter la quote-part de l'autre en cas de décès ou de séparation. Autrement dit, le concubin survivant est prioritaire pour racheter le bien, à condition de disposer des fonds nécessaires.

Le pacs

Le pacs est un peu plus protecteur, mais tout dépend si un testament a été rédigé.

Si aucun testament n'a été rédigé, le partenaire survivant se retrouve en indivision avec les héritiers en cas de décès de son partenaire. Dans l'année qui suit le décès, le partenaire survivant peut rester dans le logement à titre gratuit, si celui-ci constituait sa résidence principale, mais il doit ensuite quitter les lieux. Il lui est également possible de demander une attribution préférentielle du logement au notaire, mais il lui faudra verser une soulte (somme d'argent) afin de dédommager les autres héritiers. Si le partenaire décédé était le seul propriétaire du logement, le partenaire survivant ne peut rester dans le logement que durant l'année suivant le décès.

Si un testament a été rédigé et que le couple avait des enfants, le défunt peut léguer la quotité disponible à son partenaire survivant. La part réservée aux enfants est dégressive : s'il n'y a qu'un enfant, à la moitié des biens, s'il y a deux enfants, aux deux tiers des biens, et ainsi de suite. Le reste est la quotité disponible. En tant que partenaire de pacs, il n'y a pas de droit de succession à payer, ce qui est bien plus favorable que l'indivision. Toutefois, pour rester dans le logement, le partenaire survivant doit toujours être en mesure de dédommager les héritiers. En l'absence d'enfants ou d'autres descendants, le partenaire de pacs peut tout léguer à son partenaire, sans aucun droit de succession.

La tontine : mode d'emploi

Un couple souhaitant acheter à deux peut insérer dans l'acte d'acquisition une clause de tontine. En cas de décès, le conjoint survivant est considéré seul propriétaire du logement, quelle que soit sa part versée lors de l'achat. Autrement dit, le survivant est réputé avoir toujours été propriétaire.

La tontine est rarement utilisée, car elle est risquée : à défaut d'accord pour renoncer à la clause, la situation est bloquée jusqu'au décès de l'un des acheteurs. Le tribunal ne peut lui-même pas dissoudre la tontine. De plus, le fisc regarde attentivement l'opération en cas de décès et si le logement est supérieur à 76 000 euros, il applique des droits de succession importants (à hauteur de 60 %), c'est-à-dire au taux des personnes ne partageant pas de liens familiaux. La tontine est plutôt employée par des couples non mariés et âgés, dont l'un souhaite favoriser l'autre.

Le mariage

Le mariage reste le système le plus protecteur envers son conjoint. Tout d'abord, le conjoint survivant peut rester dans le logement s'il le souhaite. Lorsque tous les enfants sont communs au couple, le conjoint survivant dispose, en effet, de deux possibilités au moment du règlement de la succession :

» **il peut choisir de recevoir la totalité de la succession en usufruit (ce qui lui permet d'habiter dans le logement ou d'en percevoir les loyers), auquel cas les enfants reçoivent la totalité en nue-propriété et retrouvent la pleine propriété au moment de son décès ;**

» **ou choisir le quart de la succession en pleine propriété, auquel cas chaque enfant reçoit le reste de la succession en pleine propriété.**

Exemple

Si un couple a trois enfants, le conjoint survivant reçoit le quart de la succession en pleine propriété et les ¾ restants sont partagés entre les enfants à part égale. Si le couple a un seul enfant, celui-ci hérite des ¾ de la succession en pleine propriété.

D'autres options, assez souples, s'offrent au couple marié.

Différentes options

Le conjoint survivant, s'il choisit l'usufruit, peut utiliser ou louer le logement, mais il ne peut pas le vendre sans l'accord de ses enfants. Il peut toutefois décider de convertir cet usufruit en rente viagère ou en capital. Dans ce cas, les enfants deviennent propriétaires, mais doivent verser une rente à vie au parent restant. En étant entièrement propriétaires, les enfants peuvent vendre le logement pour payer cette rente.

Il est possible d'augmenter la part d'héritage du conjoint survivant en procédant à une donation au dernier vivant devant notaire. Dans ce cas, le conjoint survivant reçoit l'usufruit de toute la succession, ou ¼ de la succession en pleine propriété et l'usufruit des ¾ restants. Il peut également recevoir la quotité disponible ordinaire de la succession en pleine propriété. Cela devient particulièrement intéressant lorsque l'un des époux a des enfants issus d'une précédente union, car, dans ce cas, son conjoint ne peut légalement prétendre qu'au quart de sa succession en pleine propriété.

Une autre solution, de plus en plus pratiquée par les notaires, est la donation « toutes options » entre époux. Le conjoint survivant peut mélanger pleine propriété et usufruit, mais aussi recevoir l'intégralité de la succession, charge à lui de dédommager financièrement les enfants à hauteur de leur part de réserve. Plutôt que de payer ses enfants, le conjoint peut décider de ne prendre que les biens dont il a besoin (son logement, par exemple) et de laisser le reste à ses enfants.

Lorsqu'un contrat de mariage a été conclu, nombre de couples aménagent la communauté de biens réduite aux acquêts pour favoriser le conjoint survivant. Les biens sont alors attribués à ce dernier sans que les enfants ne puissent s'y opposer, sauf dans le cas où il s'agit d'enfants issus d'une première union, qui peuvent exercer une action en retranchement.

Il est indispensable de s'adjoindre l'aide d'un notaire, qui vous propose les solutions les plus adaptées.

Acheter le bon bien et ne pas sous-estimer les risques de travaux

De manière générale, en matière d'immobilier, le choix du bien est crucial.

Tout d'abord, un bien immobilier peut se révéler très coûteux. Outre les taxes et les impôts, souvent non négligeables, il faut aussi prévoir les frais d'entretien. Les professionnels de l'immobilier estiment qu'il faut compter entre 2 et 5 % de la valeur du bien pour son entretien. Plus le bien est vaste et cher, plus ses coûts d'entretien sont importants. En fonction des moyens financiers du conjoint survivant, il faut donc choisir un bien adapté. L'état de santé et les capacités physiques doivent également être prises en compte. En fonction de l'âge, une maison de plain-pied ou disposant d'une chambre et de sanitaires au rez-de-chaussée peut être intéressante. L'entretien d'un jardin, par exemple, peut être épuisant et ne doit pas être sous-estimé.

Les travaux obligatoires

De plus, il faut prêter attention aux travaux rendus obligatoires, tels que ceux liés à l'assainissement, qui peuvent représenter plusieurs milliers d'euros. Même chose pour les travaux d'isolation, qui se révèlent de plus en plus urgents à mesure que les logements énergivores vont être interdits à la location. Depuis le 1er janvier 2025, ces derniers sont considérés comme indécents s'ils sont étiquetés G dans le DPE. Le 1er janvier 2028, il en sera de même pour les logements F et, en 2034, pour les logements E. D'ici à dix ans, tout le parc de logements devra être au niveau D au minimum, ce qui nécessite de réaliser des travaux à moyen terme. Ces travaux s'avèrent coûteux : selon la Confédération de l'artisanat et des petites entreprises du bâtiment (CAPEB), les travaux d'isolation totale du bâtiment coûtent en moyenne 25 000 euros et ce prix peut augmenter pour une maison individuelle.

La notion d'entretien est particulièrement importante en copropriété. Même si l'appartement est en bon état et ne nécessite pas de travaux, ce n'est pas nécessairement le cas du reste de l'immeuble. Ravalement, étanchéité des terrasses, travaux d'économie d'énergie... Ces travaux peuvent être nécessaires et, contrairement à des travaux dans une maison individuelle, que l'on peut décider seul, les travaux votés en copropriété s'imposent à tous les copropriétaires. Il faut donc être en mesure de les financer. Toutefois, avant d'investir en copropriété, il n'est pas toujours facile de mesurer l'ampleur des travaux à mener. Quelques éléments doivent vous alerter : des parties communes (halls, escaliers, couloirs) en mauvais état ou la mauvaise note du DPE de l'immeuble. Il est possible de se renseigner en amont, en demandant si la copropriété a mis en place un DPE collectif, qui concerne tout l'immeuble, ou bien si elle a réalisé son DTG, obligatoire depuis 2017 et qui fait le point sur les travaux à réaliser dans les dix ans à venir. Il se peut que la copropriété ait aussi voté un plan pluriannuel de travaux (PPT), qui indique les travaux qu'elle a décidé de réaliser dans les années à venir.

Ne pas s'y prendre trop tard

Il est important de ne pas acheter son bien immobilier trop tard. En effet, on fait la plupart du temps appel au crédit immobilier et les banques exigent généralement que les remboursements s'arrêtent au plus tard à 70 ans. Que ce soit pour acheter une résidence principale ou réaliser un investissement locatif, à moins de posséder des économies non négligeables, on rembourse son crédit sur 15 à 20 ans (plus rarement sur 10 ans). Il faut donc faire en sorte d'emprunter avant 50 ans, si cela est possible. Des banques, comme le Crédit agricole, le Crédit mutuel ou la Société Générale, assurent prêter aux seniors, mais la situation de l'emprunteur est évaluée très attentivement en raison des risques importants. La durée du prêt pour les personnes plus âgées est souvent plus courte, généralement de 10 ans, ce qui augmente fortement les mensualités et nécessite un apport personnel conséquent. Le montant estimé de la pension de retraite, ainsi que l'état de santé du senior qui emprunte sont également analysés. L'assurance emprunteur peut se révéler très chère et bloquer le projet.

Quel est le bon moment pour acheter sa résidence principale ?

Les professionnels conseillent de passer à l'action lorsque l'on est un peu stabilisé professionnellement et personnellement, afin de disposer de quelques années devant soi. En moyenne, on garde sa résidence principale 7 ans. Celle-ci peut ensuite être louée ou revendue, notamment pour une maison ou un appartement plus adaptés. Les ménages achètent en général leur résidence principale entre 30 et 40 ans.

Quel est le bon moment pour faire un investissement locatif ?

On peut s'y prendre plus tard, aux alentours de 50 ans par exemple, une fois que l'on a remboursé sa résidence principale, car la capacité d'endettement redevient plus importante. En effet, il est difficile de cumuler le remboursement de deux biens immobiliers.

Les bailleurs

D'après le baromètre BPCE/Audirep mené en juin 2022, 13 % des Français sont des bailleurs privés. Sans surprise, ces bailleurs sont principalement issus des classes moyennes et supérieures, avec une surreprésentation des 50-64 ans. Près de 62 % des bailleurs détiennent un seul bien, mais le parc locatif reste concentré autour de quelques multidétenteurs (3 % d'entre eux détiennent 6 biens et plus). Le modèle de la location non meublée est majoritaire et les appartements de petite surface sont également les plus nombreux : 67 % des bailleurs louent un studio ou un deux-pièces.

En termes de modes de gestion, la moitié des bailleurs traitent directement avec leur locataire, 44 % font appel à un professionnel de l'immobilier et 10 % à un gestionnaire d'une résidence de service (résidence étudiante, senior, de tourisme...). Les objectifs de l'investissement locatif sont variés : 38 % des bailleurs souhaitent dégager une rente, alors que pour 29 % d'entre eux, il s'agit davantage d'optimisation fiscale et de diversification. Enfin, pour 33 % d'entre eux, il résulte d'un attachement, lorsque l'origine du bien provient d'un héritage ou d'une donation.

Stratégie #4

Acheter pour transmettre à ses enfants ou à sa famille

L'immobilier s'inscrit sur le long terme dans un projet patrimonial souvent lié à la famille, avec l'objectif d'aider financièrement ses enfants. On peut aussi vouloir protéger d'autres membres de sa famille, comme ses parents devenus dépendants, ou encore ses frères et sœurs. Dans ce but, le bien immobilier est particulièrement intéressant, car il remplit une double fonction. Il constitue d'abord un abri physique que l'on peut utiliser, ce qui n'est pas le cas des autres placements financiers. Il est évidemment impossible de dormir dans son assurance-vie ou son livret d'épargne. Puis, l'immobilier est un patrimoine qui, la majeure partie du temps, se valorise d'année en année et peut se révéler un bon placement. Pour transmettre, il existe de nombreux outils, parfois complexes, mais qui ont l'avantage de s'adapter à chaque cas de figure. Reste à les utiliser au bon moment, ni trop tôt ni trop tard, notamment pour limiter les droits de succession. En anticipant, on évite un peu les désaccords qui peuvent survenir entre les héritiers.

En quoi est-ce une stratégie gagnante ?

Doter ses enfants pour l'avenir

Certes, on achète d'abord pour soi, pour habiter dans un logement, mais on acquiert aussi avec l'idée de pouvoir transmettre ce bien à ses enfants. Le fait de leur donner un toit lorsqu'ils sont jeunes, tout en leur constituant un patrimoine pour leur avenir est un moteur puissant. Une fois leurs parents décédés, les enfants hériteront des biens immobiliers et les revendront pour acheter à leur tour ou les conserveront en fonction de leurs besoins, de leur mode de vie et de leurs aspirations.

On connaît confusément les règles en matière d'héritage et tout le monde sait que l'on transmet en priorité à ses enfants, mais il est utile de les connaître plus précisément.

Premier cas : le défunt n'a pas pris de disposition particulière ni organisé son héritage

La loi détermine quels sont les proches susceptibles d'hériter de ses biens. Ces derniers seront répartis entre ses héritiers, classés par degré de parenté. En effet, selon l'article 734 du Code civil, les héritiers sont classés par ordre de priorité pour recueillir la succession d'un défunt en l'absence de testament.

» Le premier ordre comprend les enfants du défunt et leurs descendants (petits-enfants, arrière-petits-enfants, etc.).

» Le deuxième ordre comprend le père et la mère du défunt, ainsi que ses frères et sœurs et leurs descendants (neveux, nièces, etc.). Ces deux sous-catégories d'héritiers sont dans le même ordre, mais les droits peuvent varier selon qu'il reste un seul parent vivant ou non.

» Le troisième ordre comprend les ascendants privilégiés, c'est-à-dire les grands-parents et arrière-grands-parents, autres que le père et la mère.

» Le quatrième ordre comprend les collatéraux ordinaires, c'est-à-dire les oncles, les tantes, les cousins germains et, plus largement, les parents jusqu'au 6e degré.

S'il existe des héritiers du premier ordre, ils excluent tous les autres. Si le défunt n'a pas de descendants, la succession revient aux héritiers du deuxième ordre, et ainsi de suite. Enfin, si aucun héritier n'est présent ou si tous renoncent à la succession, celle-ci est dévolue à l'État.

À l'intérieur d'un même ordre, les héritiers sont classés par degré de parenté et chaque degré représente une génération. Ainsi, les enfants appartiennent au 1er degré, les petits-enfants au 2e, etc. Ce sont les plus proches en degré qui héritent.

S'il existe plusieurs héritiers du même degré, ils se partagent la succession à parts égales. Par exemple, si le défunt avait deux enfants, chacun hérite de la moitié, et s'il avait trois enfants, chacun reçoit un tiers.

Astuce

Il manque une notion importante : le conjoint survivant n'appartient à aucun ordre, mais dispose de droits spécifiques selon les situations (la présence ou non d'enfants, le régime matrimonial choisi...).

À retenir

La loi ne fait aucune différence entre les enfants, qu'ils soient légitimes, nés d'une précédente union ou hors mariage. Un enfant adopté par adoption plénière (qui confère à l'enfant une filiation) possède les mêmes droits que les autres enfants de ses parents adoptifs, mais, dans ce cas, il n'hérite pas de sa famille d'origine.

Deuxième cas : le défunt a préparé sa succession et avantagé un enfant

Lorsqu'il anticipe sa succession, le parent peut décider d'avantager un ou plusieurs de ses enfants par rapport à ses frères et sœurs, voire certains de ses petits-enfants. Pour autant, la loi l'oblige à conserver une part de son patrimoine pour ses enfants : c'est ce que l'on appelle la « réserve héréditaire ». Le reste de patrimoine, dont il est possible de disposer à sa guise, s'appelle la « quotité disponible ».

La part entre la réserve héréditaire et la quotité disponible varie en fonction du nombre d'enfants. Si vous avez un seul enfant, la réserve héréditaire atteint la moitié de votre patrimoine et, dans ce cas, la quotité disponible représente l'autre moitié. Si vous avez deux enfants, la réserve héréditaire porte sur les deux tiers du patrimoine et la quotité disponible est alors d'un tiers. Si vous avez trois enfants, la quotité disponible est d'un quart, et ainsi de suite.

Précisons également que si vous n'avez pas de descendant, votre conjoint survivant est héritier réservataire à hauteur d'un quart de la succession. La quotité disponible de votre succession correspond aux trois quarts restants.

Si vous n'avez pas de descendant et que vous n'êtes pas marié, vous pouvez transmettre tout ou partie de vos biens par donation ou testament à qui vous le souhaitez, notamment une association caritative ou une fondation.

Ou encore vos biens sont répartis entre vos parents et vos frères et sœurs. Chacun des parents reçoit le quart de la succession et la moitié restante est partagée entre les frères et sœurs (ou leurs enfants s'ils sont décédés). Si l'un des parents seulement est en vie, il hérite du quart de la succession et les frères et sœurs se partagent les trois quarts restants.

Si le défunt a des frères et sœurs, ils excluent les autres ascendants (les grands-parents, les arrière-grands-parents). Si l'un des frères et sœurs est décédé, il est représenté par ses enfants.

Si le défunt ne laisse que des ascendants, la succession est divisée en deux moitiés, l'une pour la branche paternelle, l'autre pour la branche maternelle. Si les deux parents sont en vie, la succession est partagée en deux : une moitié pour le père et une moitié pour la mère. Les grands-parents en vie sont écartés. S'il ne reste qu'un seul parent, il faut chercher s'il existe un ascendant vivant dans la branche du parent décédé. Dans ce cas, la succession est divisée en deux : une moitié revient au père ou à la mère du défunt, l'autre moitié revient à l'ascendant le plus proche en degré dans l'autre branche.

Un peu de technique

Il n'est pas possible de déshériter ses enfants, même en rédigeant un testament. En revanche, il est possible de disposer d'une partie du patrimoine dans des proportions fixées par le Code civil (articles 912 à 917).

Éviter (un peu) les désaccords entre les héritiers

« Ce sont toujours des histoires d'héritage qui mettent la dispute dans les familles », disait Marcel Pagnol. Vraie au fausse, cette citation montre à quel point l'héritage est un moment clé et à quel point il peut être intéressant d'employer l'un des nombreux outils existants pour anticiper sa transmission.

La donation

Un parent peut choisir de donner à l'un de ses enfants l'un de ses biens immobiliers ou la somme issue de la vente de ce bien, afin de l'aider lorsqu'il en a besoin, par exemple pour acheter un bien immobilier. Plusieurs systèmes de donation, aux caractéristiques diverses, existent.

La donation simple

La donation est un acte par lequel un donateur transfère la propriété d'un bien à un donataire. Ce dernier doit accepter expressément la donation pour qu'elle se réalise. Pour être en mesure de faire une donation, il faut être sain d'esprit – c'est-à-dire posséder les capacités mentales permettant un discernement et une volonté suffisamment éclairée –, majeur et en capacité juridique de gérer ses biens. Il ne faut donc pas être sous tutelle ou curatelle. Cet acte est en principe irrévocable : le parent qui donne doit donc bien réfléchir en amont. Deux cas sont envisageables.

La donation par anticipation de l'héritage

Dans bien des cas, le parent effectue une donation envers l'un de ses enfants qui a besoin, par exemple, d'acheter à son tour un bien immobilier. Dans ce cas, au décès du parent donateur, la part reçue par l'enfant sera soustraite de sa part d'héritage.

La donation hors part successorale

Il est possible d'avantager un enfant par rapport à d'autres en faisant une donation hors part successorale. La donation est faite à l'enfant en plus de sa part d'héritage. Seule sa quotité disponible peut être donnée. Si le défunt a dépassé le montant de sa quotité disponible, les héritiers lésés peuvent contester cette donation en exerçant leur « action en réduction ». Par exemple, avec deux enfants, la quotité disponible correspond à un tiers du patrimoine pour avantager l'un des enfants.

Dans le cadre d'une donation simple, seule la valeur du bien au jour du décès est prise en compte. Au moment du décès, si un bien immobilier a pris de la valeur, une compensation devra être apportée.

Exemple

Vous avez deux enfants et vous transmettez à chacun un appartement d'une valeur de 100 000 euros. Si, à votre décès, le bien de l'un des enfants vaut toujours 100 000 euros, alors que l'autre appartement a pris beaucoup plus de valeur et vaut désormais 250 000 euros, la plus-value devra être partagée et l'enfant dont l'appartement n'a pas pris de valeur devra recevoir une compensation. L'appartement ayant reçu une plus-value de 150 000 euros, la compensation sera égale à 75 000 euros (150 000/ 2 = 75 000 euros). Toutefois, il peut être compliqué de payer une compensation au jour du décès. Des différends peuvent survenir entre les enfants qui gèrent « bien » leur patrimoine et les enfants moins chanceux ou moins « bons » gestionnaires.

La donation-partage

Pour éviter tout désaccord, il est préférable de procéder à une donation-partage, qui permet de donner et de répartir tout ou partie de votre patrimoine entre vos héritiers. Là encore, il faut être sain de corps et d'esprit et avoir la capacité juridique de gérer ses biens. La donation-partage doit porter sur des biens de même valeur. Si vous avez deux enfants, mais un seul appartement à donner, il faut disposer d'une somme d'argent équivalente à la valeur du bien et la donner à l'autre enfant. En effet, ce système ne permet pas de donner un seul appartement à deux enfants. L'avantage de la donation-partage, par rapport à la donation simple, est que les donataires n'ont pas à se préoccuper des fluctuations de valeur, la valeur des biens étant fixée au moment du partage et aucune compensation n'étant due.

Il n'est pas toujours facile de disposer de sommes équivalentes à partager. Heureusement, il est possible, avec l'accord des donataires, de réintégrer dans la donation-partage les biens auparavant transmis dans une donation simple. On appelle cela « incorporer les donations antérieures à la donation-partage ».

La donation-partage transgénérationnelle

Il est également possible de transmettre un bien immobilier en sautant une génération, c'est-à-dire en gratifiant vos petits-enfants. Et ce, avec l'accord préalable de vos enfants, seuls héritiers réservataires. La donation doit être réalisée devant notaire et signée par toute la famille. La valeur des biens est figée au jour de la donation. Les petits-enfants n'ont donc pas à rapporter leurs plus-values éventuelles à l'heure de la succession. Les notaires conseillent de donner autant à chaque branche familiale (c'est-à-dire par enfant, et non par petit-enfant). Cela évite d'éventuelles querelles au sein de la fratrie, si l'un n'a qu'un unique descendant tandis que l'autre est à la tête d'une famille nombreuse. Si l'un des enfants n'a pas d'héritier ou s'il ne souhaite pas que ce dernier récupère vos biens, il peut signer pour conserver la donation, tandis que son frère ou sa sœur signera pour donner son bien à ses enfants. Ces derniers doivent aussi apposer leurs signatures sur l'acte.

Le testament-partage

Le testament-partage procède à la répartition des biens entre les futurs héritiers. À la différence de la donation-partage, le testament-partage ne produit ses effets qu'après le décès de son auteur. Il peut être authentique, c'est-à-dire rédigé devant notaire, ou rédigé par la personne elle-même. On parle alors de testament sous seing privé ou olographe et, pour être valable, il doit être écrit, daté et signé de la main même du testateur. Ce dernier doit être sain d'esprit, majeur et avoir la capacité juridique de gérer son bien. Le testament-partage impose aux héritiers la répartition choisie par le testateur. Si les héritiers acceptent la succession, ils ne peuvent pas non plus renoncer au testament-partage pour bénéficier des règles légales de la succession. En effet, la renonciation au testament-partage vaut renonciation à la succession.

Le testament-partage peut s'avérer utile pour éviter qu'un bien soit démembré entre un usufruitier et des nus-propriétaires ou pour prévenir des conflits entre héritiers, puisqu'il évite les aléas d'un partage successoral. De plus, le testateur peut organiser à l'avance sa succession sans se démunir immédiatement ni s'engager définitivement.

Payer (un peu) moins de droits de succession

Transmettre de son vivant permet d'économiser des droits de succession. En effet, dans certains cas, les droits de succession ne sont pas négligeables si aucune disposition n'a été prise en amont.

Astuce

Rappelons que l'on peut transmettre, tous les 15 ans, jusqu'à 100 000 euros par parent, soit 200 000 euros par enfant, sans devoir payer de droit de succession. De même, chaque grand-parent peut transmettre, tous les 15 ans, jusqu'à 31 865 euros à chacun de ses petits-enfants sans payer de droit de succession. Il n'y a pas de condition d'âge et le grand-parent peut prendre en charge les droits de donation sans que cela soit considéré comme une donation supplémentaire.

Même si cette démarche n'est pas réalisée, l'abattement sera appliqué au moment du décès. Pour les patrimoines les plus élevés, il est important de diminuer l'addition sans trop tarder, afin de bénéficier plusieurs fois de la période de 15 ans.

À retenir

Les héritages au-delà du seuil de 100 000 euros sont minoritaires en France. L'Insee indique que les deux tiers des héritages sont inférieurs à 30 000 euros et 87 % d'entre eux inférieurs à 100 000 euros.

Quelques outils de transmission permettent de réduire les frais de succession.

La donation graduelle ou résiduelle

Ces deux types de donation sont des variantes des donations vues précédemment. Elles permettent de transmettre un bien à deux personnes successivement. Par exemple, donner des biens à un proche, un enfant sans descendance, puis prévoir qu'à son décès ils reviendront à un autre. Autrement dit, donner un bien immobilier à son fils ou sa fille, puis prévoir qu'à leur décès, le bien reviendra à un petit-enfant. Fiscalement, l'intérêt est que la seconde transmission est taxée comme si elle avait eu lieu entre le donateur initial et le gratifié suivant. Cela permet à la personne gratifiée en second de bénéficier d'un barème avantageux. De plus, les droits déjà payés lors de la première transmission viennent en déduction de ceux à acquitter pour la seconde.

Avec une donation graduelle, le premier donataire peut conserver le bien et l'utiliser (notamment, en percevoir les loyers) jusqu'à son décès. Le bien est ensuite transmis en l'état.

Avec une donation résiduelle, le premier donataire peut jouir du bien ou le vendre et, à sa mort, le second donataire récupère ce qui en reste.

La donation avec réserve d'usufruit

Les parents peuvent donner à leurs enfants la nue-propriété d'un bien et en conserver l'usufruit. On appelle cela un bien démembré. Le parent donateur peut utiliser le bien, l'habiter ou en percevoir des loyers, jusqu'à son décès. L'avantage, pour l'enfant, est que les droits de succession sont uniquement calculés sur la valeur de la plus-value transmise, et non celle de la pleine propriété. Au décès du parent, le nu-propriétaire (l'enfant) devient alors pleinement propriétaire et ne doit rien au fisc. Au moment de la donation, la répartition entre la valeur de la nue-propriété et celle de l'usufruit est fixée en fonction de l'âge de l'usufruitier. Si le parent est âgé, par exemple, de 70 à 80 ans, la part de la nue-propriété correspond à 70 % de la valeur du bien, alors que celle de l'usufruit est estimée à 30 %.

Comment les droits de succession fonctionnent-ils ?

Pour calculer les droits de succession, l'État (par le bais des notaires) calcule d'abord l'actif net taxable, à savoir l'actif à répartir entre les différents héritiers (l'inventaire des possessions du défunt) moins le passif (notamment les dettes).

Actif taxable = actif – passif

»

Puis, l'État détermine les héritiers, regarde les donations réalisées antérieurement et le degré de parenté de chaque héritier avec le défunt.

Un abattement est ensuite appliqué en fonction du degré de parenté (à condition que l'héritier ne l'ait pas utilisé dans les quinze dernières années). Il correspond à :

» 100 000 euros par enfant, père ou mère ;

» 15 932 euros par frère ou sœur ;

» 7 967 euros par neveu ou nièce ;

» 1 594 euros en l'absence d'autre abattement applicable ;

» 159 325 euros par personne en situation de handicap.

L'État applique une taxe sur la part taxable, selon un barème précis.

Part taxable = actif successoral taxable – abattement personnel

Tableau 4-1

Le barème des droits de succession pour les différents héritiers

Héritiers	Valeur du bien	Droits de succession
Héritiers en ligne directe (père, mère, enfant et petit-enfant)	moins de 8 072 euros	5 %
	entre 8 072 euros et 12 109 euros	10 %
	entre 12 109 euros et 15 932 euros	15 %
	entre 15 932 euros et 552 324 euros	20 %
	entre 552 324 euros et 902 838 euros	30 %
	entre 902 838 euros et 1 805 677 euros	40 %
	plus de 1 805 677 euros	45 %
Frères et sœurs	moins de 24 430 euros	35 %
	plus de 24 430 euros	45 %
Parents jusqu'au 4e degré		55 %
Autres héritiers		60 %

Comment les droits de succession fonctionnent-ils ? *(suite)*

Un simulateur des droits de succession a été mis en ligne sur le site service-public.fr.

Par ailleurs, lorsque le défunt était domicilié fiscalement en France, le bénéficiaire est soumis aux droits de succession sur tous les biens reçus, qu'ils soient situés en France ou à l'étranger, sauf si des clauses internationales en disposent autrement. Si le défunt était domicilié fiscalement à l'étranger au jour du décès, seuls ses biens situés en France sont imposables. Des cas d'exonération existent, notamment en cas de don à une association, à l'État ou encore si le défunt a été victime d'un acte terroriste.

Un peu de technique

Si l'actif net successoral est inférieur à 50 000 euros s'il n'y a pas eu de donation, l'enfant du défunt ne paie pas de droits de succession.

Gérer plus facilement les biens immobiliers en famille

Il est parfois difficile de gérer un bien immobilier lorsque l'on vieillit et que l'entretien devient trop important. Dans ce cas, il peut être intéressant de créer une **SCI familiale**. Le bien est divisé en différentes parts et chaque membre de la famille en possède une partie.

La société est le propriétaire du bien et peut réunir les membres d'une même famille jusqu'au 4e degré : un enfant, un parent, un petit-enfant, un frère, une sœur, un arrière-grand-parent, un oncle, une tante, un neveu, une nièce, un cousin germain. La SCI obéit à des règles communes à toutes les sociétés fixées par les articles 1832 et suivants et 1845 et suivants du Code civil et peut durer jusqu'à 99 ans. Créer une SCI familiale permet d'éviter les blocages liés à l'indivision. En effet, posséder un bien en commun n'est pas toujours simple (par exemple, deux concubins qui achètent ensemble ou des frères et sœurs qui héritent d'un bien). La prise de décision est parfois complexe, notamment lorsque des travaux s'avèrent nécessaires et que l'un des indivisaires n'est pas d'accord ou refuse de répondre. Même s'il est possible d'obtenir gain de cause en justice, cela nécessite un procès coûteux, fastidieux et long. Dans une SCI, en revanche, seules les décisions les plus graves sont en principe soumises à l'unanimité. Les statuts prévoient généralement que la plupart des décisions sont prises à la majorité des associés, ce qui permet de passer outre le désaccord de l'un des membres. Par exemple, la réfection de la toiture peut être votée même si l'un des membres s'y oppose. Pour éviter tout blocage, les associés peuvent aussi nommer un gérant et lui donner le pouvoir d'accomplir tous les actes de gestion réalisés dans l'intérêt de la société. Ainsi, des parents qui souhaitent transmettre des biens immobiliers à leurs enfants, tout en conservant la gestion de leur patrimoine, peuvent céder leurs parts et se faire désigner gérants.

Assurer la transmission du patrimoine

La SCI permet également de mieux contrôler la transmission du patrimoine. Dans le cas d'une indivision, lorsque l'un des indivisaires décède, ses parts sont transmises à ses héritiers, sans possibilité pour les coïndivisaires de s'y opposer. Cela peut générer des conflits, notamment lorsque le nombre d'indivisaires augmente et que plusieurs générations rejoignent l'indivision. La SCI permet de choisir les personnes avec qui l'on s'associe, même en cas de décès ou de retrait de l'un des associés. En principe, la cession à un tiers de parts sociales d'une SCI nécessite l'agrément unanime des autres associés. Lors du décès de l'un des associés, les statuts de la SCI peuvent prévoir la dissolution de la société ou bien sa continuité avec ses héritiers, sous réserve de l'agrément des autres associés.

Outre une gestion facilitée, la SCI optimise la transmission d'un bien immobilier : les donations de parts sont soumises aux abattements classiques (100 000 euros par enfant ou 31 865 euros par petit-enfant tous les 15 ans). En donnant progressivement des parts de la société, on transmet le bien immobilier tout en limitant les droits de succession.

Les parents peuvent se réserver l'usufruit des parts et transmettre simplement la nue-propriété des parts à leurs enfants. Dans ce cas, l'assiette fiscale ne sera constituée que de la valeur de la nue-propriété, ce qui permet aux enfants de ne pas avoir à payer de droits de succession au décès de leurs parents. Lors du décès, les enfants récupèrent la pleine propriété des parts de la SCI. Si la société souscrit un prêt pour financer l'acquisition d'un bien immobilier, la valeur des parts transmises tient compte de l'emprunt : l'actif net (capitaux propres) de la SCI est diminué du montant de l'emprunt, qui constitue un passif. Attention toutefois aux emprunts souscrits uniquement dans le but de limiter les droits de succession : le fisc peut les requalifier en donations et les taxer.

Les inconvénients de la SCI

La SCI comporte des inconvénients, car elle est une structure lourde à gérer. Lors de sa création, elle nécessite la rédaction de statuts. Même si l'on peut les rédiger librement, il est préférable de passer par un professionnel du droit, comme un avocat ou un notaire, car des clauses doivent y être intégrées, telles que celles qui concernent le pouvoir confié au gérant, les règles de majorité en assemblée générale et la réglementation spécifique en cas de vente ou d'échange des parts. Un budget de 3 000 euros n'est nécessaire que pour créer la société et tenir à jour la comptabilité et les assemblées générales. La dissolution d'une SCI n'est pas facile non plus. Là encore, l'intervention d'un professionnel est nécessaire.

Comment en faire une stratégie gagnante ?

Se fier à un professionnel

Pour transmettre ses biens immobiliers à ses enfants dans les meilleures conditions, il est indispensable de faire appel à un professionnel du droit et de la transmission de patrimoine.

Pour un premier avis, vous pouvez vous adresser au **conseiller financier** de votre établissement bancaire, qui pourra vous orienter et vous donner quelques éléments d'ensemble. Les personnes dotées d'un patrimoine au montant élevé sont généralement entourées d'autres professionnels, comme des avocats, des conseillers en gestion de patrimoine ou des spécialistes de la fiscalité.

Pour tous les autres, le **notaire** est l'interlocuteur incontournable. Un passage devant ce professionnel sera de toute façon obligatoire si vous souhaitez engager des démarches officielles. Celui-ci est à même de vous expliquer des concepts parfois abstraits, complexes et de vous amener à choisir ce qui vous convient le mieux en fonction de votre situation personnelle. Pour certaines personnes, faire appel à un professionnel permet aussi de dédramatiser des événements aussi anxiogènes que la mort ou la maladie. Les notaires sont présents partout sur l'ensemble du territoire, même en secteur rural. Vous pouvez consulter le site notaires.fr et son annuaire en ligne afin de trouver l'étude la plus proche de chez vous. Passer devant un notaire présente un autre avantage : devant les héritiers réunis dans l'étude, le notaire explique toutes les implications de la succession, leurs droits et leurs obligations, notamment en cas de schémas complexes, tel le démembrement de la propriété, ou encore si la donation est assortie d'obligations.

Si un notaire ne vous semble pas clair ou que le « courant » ne passe pas, il est tout à fait possible d'en consulter un autre. Ses conseils peuvent être payants, mais ils sont souvent gratuits lorsqu'il assure la transmission du patrimoine et réalise, par exemple, la création d'une SCI ou d'une donation. Il faut donc se renseigner. Le Conseil supérieur du notariat (CSN) a mis en place un service d'information juridique accessible dans la France entière. Le but est de fournir à chacun un premier niveau de réponse à ses interrogations de nature juridique, puis de l'orienter, si nécessaire, vers le professionnel le plus apte à le conseiller. Le service est accessible au 0 892 011 012 pendant les heures de bureau. Attention, cet appel est payant et relativement cher : 0,80 euros/min. Dans les grandes villes, au sein des mairies notamment, les notaires organisent régulièrement des rencontres gratuites et des points d'accès au droit.

Astuce

On peut rédiger un testament seul, sans l'aide d'un notaire : il s'agit alors d'un testament olographe. Il doit répondre à certaines règles pour être valable et respecter le droit des héritiers. Les conseils d'un notaire sont donc préférables, de même que ce dernier peut enregistrer officiellement les éléments. L'enregistrement d'un testament coûte moins de 40 euros.

Bien comprendre les différents modes de transmission

Entre la donation simple, la donation-partage, la SCI, etc., la tête peut facilement vous tourner. On ne connaît pas nécessairement tous les concepts, qui varient en fonction des situations particulières de chacun. Cela est d'autant plus vrai si vous n'avez pas déjà été confronté à un héritage ou que vous n'êtes pas un professionnel de la transmission de patrimoine. Or, il faut tout comprendre avant de choisir un mode de transmission. Il faut déterminer les incidences de tel ou tel système, aussi bien pour vous que pour vos héritiers. Qui paiera l'entretien des biens immobiliers ? Comment faire un partage équitable ? Qui peut utiliser le bien ? Avant votre rendez-vous chez le notaire, vous pouvez consulter le site service-public.fr, qui est fiable et mis à jour régulièrement, même s'il est un peu austère. De même, rien ne vous empêche de vous informer de nouveau une fois revenu de chez le notaire.

Transmettre ni trop tôt ni trop tard

Pour transmettre de façon efficace, il faut s'y prendre au bon moment.

Ni trop tôt

Inutile de s'y prendre trop tôt, car la vie peut changer d'un seul coup. On peut faire de nouvelles rencontres, décider de partir en voyage, avoir de nouveaux projets ou, tout simplement, perdre son emploi. Or, une partie de la transmission est irrévocable. La donation, par exemple, ne peut pas être reprise, sauf dans des cas très précis et (en principe) rares. Elle peut notamment être annulée en cas de manquements graves du donataire ; par exemple, le donataire n'a pas respecté les engagements prévus dans la donation (l'obligation de loger le donateur, l'obligation de soins...). La donation peut aussi être annulée si le donataire commet des délits et des sévices à l'encontre du donateur. De même que si vous avez procédé à une donation lorsque vous n'aviez pas encore d'enfant, mais que vous avez entre-temps eu ou adopté un enfant. Il est déconseillé de transmettre trop tôt la nue-propriété de son bien, car une fois le bien démembré, l'usufruitier, qui est généralement le parent, ne peut plus vendre le bien sans l'accord du nu-propriétaire, même s'il en a besoin. Les notaires conseillent souvent de ne pas transmettre la résidence principale en démembrement de propriété. En effet, ce bien immobilier permet d'être vendu ou loué pour assurer les frais liés à la dépendance dans le grand âge, autrement dit les frais de maison de retraite.

Ni trop tard

Chaque parent peut donner 100 000 euros par enfant tous les 15 ans. Bien que cette limite de temps paraisse élevée pour la plupart des ménages, elle implique de se pencher relativement tôt sur la succession et, éventuellement, la transmission. L'Insee indique que l'espérance de vie des femmes est de 84 ans, contre 80 ans pour les hommes. Le mieux est de réfléchir à ce que l'on veut et peut transmettre aux alentours des 60 ans, au moment de la retraite. Certes, cela est tôt, d'autant qu'à la retraite, la vie peut encore changer. Les conseillers en gestion de patrimoine tracent généralement une ligne fatidique à l'âge de 70 ans et donnent la consigne de transmettre avant cet âge. Cela est d'autant plus vrai pour les personnes dont le patrimoine est élevé et qui veulent réaliser plusieurs donations en franchise de droits de succession.

En cas de donation démembrée, il est intéressant de donner relativement tôt pour passer sous la barre des 100 000 euros. Rappelons que plus le donateur est jeune, plus la valeur de la nue-propriété transmise est faible (article 669 du Code général des impôts, ou CGI). En effet, les calculs de répartition entre l'usufruit et la nue-propriété sont réalisés en fonction de l'âge du donateur. À 60 ans, la valeur de l'usufruit et celle de la nue-propriété sont de 50 % chacune. À 70 ans, la valeur de l'usufruit passe à 40 %. La nue-propriété augmente alors et la donation est potentiellement taxable si elle dépasse les 100 000 euros. Transmettre tôt est particulièrement important pour les chefs d'entreprise, qui bénéficient du pacte Dutreil. Ce dispositif prévoit une exonération partielle des droits de succession et une exonération de 75 % de la valeur de l'entreprise. En transmettant avant 70 ans, le pacte Dutreil prévoit une réduction supplémentaire de 50 % sur la part taxable. L'entreprise peut être transmise en pleine propriété comme en nue-propriété et l'abattement personnel des 100 000 euros par enfant s'ajoute à ces abattements.

Évaluer les biens à transmettre et faire le point régulièrement

Pour transmettre et adopter la bonne stratégie, il est nécessaire de faire régulièrement le point sur votre patrimoine. Possédez-vous plusieurs résidences, un appartement dans une grande agglomération ? Avez-vous réalisé de l'investissement locatif avec des logements loués ? Si vous avez acheté il y a longtemps, il est possible que les biens aient pris beaucoup de valeur et, sauf à suivre attentivement le marché de l'immobilier, il est difficile d'évaluer seul le prix réel de ses biens, d'autant plus que l'on a tendance à sous-estimer ou surestimer leur valeur lorsque l'on y vit au quotidien. Plusieurs facteurs modifient la valeur de vos biens : ils peuvent avoir vieilli, être démodés ou, à l'inverse, être devenus tendance, de même qu'ils peuvent se situer dans un quartier qui s'est déclassé ou, au contraire, très demandé. Les spécialistes de la décoration et de l'immobilier savent bien que les appartements haussmanniens avec moulures et parquet, délaissés dans les années 1970, sont de nouveau recherchés. Dans les grandes villes, des quartiers autrefois malfamés abritent désormais les bobos et deviennent le centre de l'attention. Pour évaluer vos biens immobiliers, vous pouvez consulter des sites d'estimation, tels que Meilleursagents ou Efficity, ainsi que le site de l'administration fiscale, app.dvf.etalab.gouv.fr, qui renseigne sur les prix des transactions enregistrées pour des raisons d'imposition. Quelques mois de retard sont toutefois à noter dans la transmission des données, mais ce site donne une bonne idée du marché ainsi que du prix auquel les maisons et les appartements se sont réellement vendus. La différence entre le prix indiqué dans l'annonce et le prix d'achat réel peut être significative. Rappelons que ces derniers mois, les prix ont globalement baissé, mais pas de la même façon partout et, dans certains secteurs, ils sont stables, voire ont augmenté. Il est également possible d'échanger avec un agent immobilier pour obtenir un avis de valeur. S'il est professionnel, il connaît bien le marché et peut estimer la valeur actuelle de votre maison ou de votre appartement. Le notaire peut aussi vous communiquer des informations issues de ses bases de données. C'est cette valeur qui sera retenue pour la transmission.

Entretenir le bien

Enfin, pour transmettre ses biens à ses enfants dans de bonnes conditions, il faut autant que possible entretenir sa maison ou son appartement, ce qui n'est pas toujours facile. Tailler les haies, changer les fenêtres : si cela est nécessaire, cela importe pour la valeur de votre bien. Selon les notaires, des décotes de 20 % sont à prévoir si le logement est vétuste ou, par exemple, s'il s'agit d'une passoire thermique. Même chose en cas de travaux. Certes, en cas de décote et d'un patrimoine élevé, moins d'impôts sont à payer, mais cela est dommage pour vos héritiers. Le ***home staging*** présente son importance : d'origine anglaise, ce terme désigne la façon dont on présente sa maison. Ranger, nettoyer, enlever les bibelots les plus marquants, remettre des meubles au goût du jour, réparer ce qui peut l'être : tout cela augmente la valeur du bien et rend service à vos héritiers le jour où ils voudront vendre.

Stratégie #5

Acheter pour loger ses enfants, ses petits-enfants ou ses parents

Trouver un logement à louer est actuellement difficile. Les choix d'études, de carrière et les mutations sont bien souvent décidés en fonction des possibilités de trouver un toit. Les enfants refusent, par exemple, de suivre des cursus dans les grandes villes où les logements manquent ou sont trop chers. Les salariés refusent une situation professionnelle, car ils ne trouvent pas à se loger dans la ville d'arrivée. Cette situation, qui touchait jusqu'à présent essentiellement les personnes ayant des statuts précaires ou des revenus modestes, concerne désormais une grande partie de la population. Les « classes moyennes » et les « classes moyennes supérieures » ne manquent pas de moyens financiers, mais subissent la baisse de logements à louer. Quant aux personnes aux revenus modestes, elles sont évincées du marché de l'accession, car les prix de l'immobilier restent élevés, et rencontrent des difficultés pour louer, car les loyers ont beaucoup augmenté. Les personnes âgées peinent également à louer un logement, parce que les propriétaires craignent de ne plus pouvoir le récupérer.

Acheter un logement pour héberger un enfant étudiant, un enfant jeune adulte ou un parent âgé, qui souhaite se rapprocher d'enfants susceptibles de veiller sur lui, constitue une option intéressante. Au premier abord, cela peut paraître une solution un peu extrême : acheter un bien adéquat nécessite de l'énergie ainsi que des moyens non négligeables, alors que l'occupant ne restera peut-être que quelques années. Toutefois, pour ceux qui le peuvent et le souhaitent, l'investissement est à la fois utile et intéressant.

En quoi est-ce une stratégie gagnante ?

Permettre à ses enfants ou ses petits-enfants d'étudier ou d'accepter un emploi

Les logements (en état correct) sont rares dans les villes étudiantes

Les études supérieures, tout comme la première activité professionnelle, se déroulent généralement dans les grandes villes, à Bordeaux, Toulouse, Marseille, Montpellier ou Lille. Trouver une chambre à louer dans un état correct et à un prix raisonnable relève du parcours du combattant, même en cherchant une chambre chez l'habitant ou en résidence étudiante. Les Crous universitaires, qui fournissent des logements aux étudiants, sont pris d'assaut et sont plutôt réservés aux personnes dont les revenus sont très modestes. Dans les villes moyennes, qui accueillent également des établissements d'enseignement supérieur, le marché locatif est un peu moins saturé, mais la situation se tend progressivement.

Le site d'annonces et d'estimation Meilleurs Agents indique, par exemple, qu'après une baisse en 2023, l'offre de logements à louer a continué de baisser de 8,6 % entre octobre 2023 et octobre 2024. L'année précédente enregistrait déjà une diminution de l'ordre de 22,1 % entre octobre 2022 et octobre 2023. Un quart des locations ont ainsi disparu dans un marché déjà tendu et la situation semble s'être encore dégradée ces derniers mois. Dans certaines métropoles, les candidats à la location sont extrêmement pénalisés, car le volume d'offres a baissé considérablement en un an, comme à Montpellier (- 15,3 %), Strasbourg (- 29,6 %), Toulouse (- 18,1 %) ou Nice (- 28,7 %). En revanche, dans les villes de Marseille (+ 8 %), Bordeaux (+ 5,9 %) ou Nantes (+ 7,7 %), les difficultés pour trouver un logement semblent s'atténuer, même si la situation reste tendue.

Le logement est une source d'inquiétude pour les familles

Selon un sondage de la plateforme de location Gens de confiance, réalisé auprès de 1 090 membres adhérents en avril 2025, 58 % des sondés – dont 65 % sont des parents et 40 % des étudiants – s'alarment du logement, de son coût et des moyens de le financer. Ils estiment devoir débourser 1 200 à 1 800 euros par mois pour couvrir le logement, les études (frais annexes) et la nourriture dans une grande ville, comme Paris ou Lyon, où un studio avoisine les 700 à 900 euros par mois. Parmi les étudiants interrogés, 70 % prévoient de quitter le domicile familial pour se loger près de leur formation et 25 % envisagent de compléter leurs revenus par un travail étudiant, souvent précaire et qui risque de les éloigner de leurs études. Côté parents, 45 % pensent puiser dans leurs économies et 30 % songent à un prêt.

Les loyers sont élevés et parfois équivalents au coût d'un crédit

Même si l'on arrive à trouver un logement, le problème est que les loyers sont élevés et qu'un remboursement de crédit coûterait le même prix. En dépit des volontés de plafonnement des loyers dans un certain nombre d'agglomérations, où la demande est forte, et des règles strictes du bail encadrant l'augmentation annuelle des loyers, ces derniers ont eu tendance à augmenter. L'observatoire Clameur (tenu par les grands acteurs de l'immobilier) indique que l'augmentation est continue au niveau national, passant de 16,11 euros/m²/mois en moyenne à 17,76 euros/m²/mois. À Paris, par exemple, il est difficile de se loger à moins de 1 000 euros par mois.

Plutôt que de mettre cette somme dans un loyer, rembourser un crédit peut être intéressant, notamment si votre enfant compte rester quelques années dans la même ville. Une licence dure trois ans et un master cinq ans, mais certaines études, comme les études de médecine ou d'architecture, sont plus longues. Si votre enfant trouve du travail dans la même ville, la durée de son séjour peut encore être prolongée. Le cursus est, en effet, parfois entrecoupé par une ou deux années de césure à l'étranger, dans le cadre d'un programme Erasmus par exemple. Pendant ce laps de temps, le logement ne sera pas nécessairement vide et il sera possible de le louer à un étudiant de la même école ou d'une école proche. Le risque d'impayé de loyer ou d'autres difficultés est réduit dans ce cas, car il s'agit d'un public sélectionné.

Il est un autre avantage à acheter plutôt que de louer : rares sont les logements loués en bon état et correctement équipés. En étant propriétaire, vous pouvez y installer un lave-vaisselle, refaire la peinture ou mettre la salle de bains et la cuisine au goût du jour. Votre enfant y sera logé de façon confortable et vous bénéficiez des travaux pour la valorisation de votre logement.

À retenir

Il est compliqué d'acheter un studio dans les villes où le logement est très cher, comme Paris. Toutefois, dans bon nombre de quartiers, la baisse des prix récente permet de rentabiliser l'investissement en moins de dix ans, voire moins de cinq ans par rapport à une location (voir tableau 1-1, p. 9). Dans ce cas, l'achat est rentabilisé pendant la durée des études de votre enfant.

Louer le logement vacant et bénéficier d'une fiscalité avantageuse

Nulle autorisation à demander avant de louer

Une fois le logement de votre enfant équipé et une fois que celui-ci se rend dans une nouvelle ville ou prend son envol, vous allez pouvoir le louer à quelqu'un d'autre, même pendant quelques mois. Si votre enfant a l'intention de revenir dans le logement après un stage ou un séjour à l'étranger, en étant propriétaire, vous n'avez besoin de l'accord de personne pour louer le logement, ce qui n'est pas le cas lorsque vous êtes locataire. Un locataire doit, en effet, obtenir l'autorisation écrite du propriétaire pour sous-louer son logement en cas d'absence. Certains choisissent de passer outre pour éviter de devoir retrouver un logement, mais c'est une stratégie risquée. Le propriétaire peut mettre fin au bail et demander des dommages et intérêts et, en cas de dégâts causés par le locataire intérimaire, les frais sont à votre charge.

Louer un logement meublé est intéressant d'un point de vue fiscal

Les revenus issus d'un logement meublé sont considérés comme des bénéfices industriels et commerciaux (BIC), non comme des revenus fonciers. Les propriétaires bailleurs qui louent un logement meublé sont appelés, par l'administration fiscale, des loueurs en meublé non professionnels (LMNP). En optant pour le régime réel d'imposition (au-delà de 77 700 euros par an en 2025 pour les revenus 2024 et au-delà de 15 000 euros par an en 2026 pour les revenus 2025), il est possible de déduire les charges locatives pour leur montant réel. Parmi ces charges déductibles, on peut citer les primes d'assurance, la rémunération de l'agent immobilier qui assure la gestion locative du bien ou les honoraires d'un comptable. Les dépenses d'entretien (nettoyage, espaces verts...) ou encore les réparations sont également déductibles des loyers.

Un peu de technique

Si le contribuable ne choisit pas le régime réel, mais conserve le régime simplifié dit micro-BIC, il bénéficie d'un abattement de 30 % sur les loyers perçus, mais ne peut rien déduire d'autre. Il est imposé sur 70 % de ses revenus, et non pas sur la totalité, ce qui est déjà un avantage.

En meublé, il est possible de déduire une somme au titre de l'amortissement du bien et des meubles loués, ce qui permet de diminuer de façon importante les loyers imposables et de ne pas payer d'impôts.

Cet avantage a tout de même été réduit par la loi de finances pour 2025, mais il reste non négligeable. Jusqu'à présent, lors de la revente du bien, les amortissements déduits par le propriétaire n'étaient pas pris en compte dans le calcul de la plus-value imposable. Depuis le 1er janvier 2025, les amortissements pratiqués seront désormais réintégrés dans le calcul de la plus-value lors de la cession du bien, augmentant ainsi la base imposable et, par conséquent, l'impôt dû. Le propriétaire doit conserver son bien plus de 22 ans s'il veut éviter cette taxe et plus de 30 ans s'il souhaite bénéficier d'une exonération des prélèvements sociaux.

Un bail plus souple

Lorsque vous louez un logement meublé à des étudiants, vous pouvez signer un bail de 9 mois seulement, non d'un an ; autrement dit, la durée classique en meublé. Le bail n'est pas reconductible, contrairement au bail d'un an. Certains propriétaires louent pendant l'été le logement à d'autres personnes, notamment des touristes, en l'absence de l'étudiant.

À retenir

Toutes les communes n'acceptent pas la location de meublé touristique pendant l'été s'il ne s'agit pas de votre résidence principale. Il faut se renseigner auprès de la commune. À Paris, seules les résidences principales peuvent être louées, et ce, au maximum 90 jours. Pour les logements qui ne sont pas des résidences secondaires, il faut demander une autorisation, qui n'est pas facile à obtenir.

Quid de l'achat d'un logement dans une résidence étudiante ?

L'achat d'un logement dans une résidence étudiante est intéressant si vous souhaitez investir dans l'immobilier, d'autant que l'intégration de l'amortissement dans la plus-value ne concerne pas les résidences avec services pour les étudiants, les personnes âgées ou les maisons médicalisées. Il est donc possible d'y investir à des conditions très favorables fiscalement. Il faut bien choisir le type de résidence et son emplacement, ainsi que vérifier le bail et l'exploitant. Mieux vaut être conseillé pour cet achat.

En revanche, l'achat d'un logement dans une résidence étudiante n'est pas intéressant si vous souhaitez y loger votre enfant. En achetant, vous signez un bail commercial avec l'exploitant de la résidence. Cet exploitant offre des prestations, comme de la blanchisserie, des petits déjeuners, le ménage, etc. Résultat : les termes du contrat ne sont pas entièrement dans vos mains et il n'est pas certain que vous puissiez loger votre enfant dans l'appartement dont vous êtes propriétaire, sauf à vous entendre expressément avec l'exploitant, ce qui n'est pas toujours possible.

En conclusion, il peut être intéressant d'investir dans une résidence étudiante, mais c'est une autre logique que celle d'acheter pour loger votre enfant.

Un avantage par rapport à l'impôt sur la fortune immobilière

Si vous faites partie des 176 000 ménages imposés à l'IFI, qui démarre avec un patrimoine net de 1,3 million d'euros, acheter pour loger votre enfant peut poser un problème, car, dans ce cas, votre patrimoine immobilier se développe et vous risquez de payer plus d'impôts.

Pour l'éviter, vous pouvez emprunter la quasi-totalité de la somme plutôt que d'acheter comptant, car l'IFI est calculé net d'emprunt. Vous pouvez aussi démembrer le bien et donner l'usufruit à votre enfant pendant un certain laps de temps, pendant 10 ans par exemple, à l'issue duquel vous redevenez propriétaire en pleine propriété. L'avantage est que la nue-propriété n'est pas imposable à l'IFI et le bien sort donc de l'assiette de l'impôt. Votre enfant, en tant qu'usufruitier, peut utiliser le logement comme il le souhaite : l'occuper ou le louer et en percevoir les loyers. Ce type d'opération requiert un acte notarié et doit être validé par votre notaire ou votre conseiller en gestion de patrimoine. De plus, en fonction de votre patrimoine et du nombre d'enfants, le notaire vérifiera qu'il n'y a pas de déséquilibre entre les différents héritiers. En effet, accorder l'usufruit est un avantage non négligeable.

Loger son enfant (ou ses petits-enfants) : mode d'emploi

Peut-on loger ses enfants gratuitement ? Il est tout à fait possible de loger gratuitement ses enfants, y compris s'ils sont majeurs. De manière générale, vous avez le droit de loger quelqu'un gratuitement dans un bien dont vous êtes le propriétaire (ou que vous louez avec l'accord du propriétaire). Cela s'appelle une mise à disposition à titre gratuit, un prêt à usage ou un commodat (article 1875 du Code civil).

Toutefois, cette mise à disposition gratuite peut avoir des implications juridiques et fiscales, notamment en matière de succession. L'article 371-2 du Code civil stipule que les parents doivent contribuer à l'entretien et à l'éducation de leurs enfants, y compris après leur majorité, si la situation le justifie. Ainsi, si votre enfant est dans le besoin (par exemple, il est étudiant, sans ressources, ou handicapé), vous êtes légalement tenu de l'aider, y compris en lui fournissant un logement gratuit. Si votre enfant ne se trouve pas dans une situation de besoin, le loger gratuitement peut, en revanche, être perçu comme une donation indirecte rapportable à la succession. Sa valeur serait alors prise en compte pour le partage de votre patrimoine au moment de votre décès. Si vous avez plusieurs enfants et que vous n'avez pas donné de compensation à ces derniers, celle-ci sera nécessaire.

Si l'on ne loge pas son enfant à titre gratuit, peut-on fixer un loyer plus bas que ceux du marché ? Fixer un loyer trop bas par rapport au reste des logements dans le secteur pourrait être assimilé à une donation déguisée. De plus, vous risquez un redressement fiscal : lorsque des revenus de loyers sont faibles, les diverses charges liées au logement (travaux, etc.) créent un déficit foncier, qui peut diminuer l'impôt foncier, voire l'impôt sur le revenu. Le fisc peut alors vous reprocher de fixer volontairement un loyer trop bas afin de gonfler le déficit foncier. Si l'on veut tout de même aider son enfant, le site PAP (Particulier à particulier) conseille de fixer un loyer de l'ordre de 10 à 15 % plus bas que ceux du marché et de le justifier en insérant une clause dans le bail : « Étant donné le lien de parenté entre le bailleur et le locataire (père/mère et fils/fille), le bailleur a décidé de fixer le loyer à un montant inférieur à celui pratiqué sur le marché, conformément aux tolérances fiscales en vigueur. Ce loyer réduit

»

»

Loger son enfant (ou ses petits-enfants) : mode d'emploi
Peut-on loger ses enfants gratuitement ? *(suite)*

est fixé à [montant du loyer] euros par mois. Le bailleur et le locataire reconnaissent que cette réduction de loyer n'affecte en rien les droits et obligations de chaque partie, qui restent pleinement soumises aux dispositions de la législation en vigueur relative aux baux d'habitation. » Rappelons également que lorsque vous logez votre enfant à titre gratuit, vous ne pouvez pas déduire les charges relatives à l'immeuble au titre de vos revenus locatifs.

Un enfant logé à titre gratuit a-t-il droit à des aides ? Non, un enfant logé gratuitement n'a pas droit aux aides, comme celles de la Caf (l'aide personnalisée au logement, ou APL, par exemple), et ce, même s'il est logé chez ses grands-parents.

Éviter la maison de retraite et laisser son parent vieillir dans un cadre qu'il apprécie

Plutôt qu'un enfant, vous pouvez avoir besoin de loger un parent âgé. En tant que personne âgée, il est très difficile de louer, même si l'on en a les moyens, car les propriétaires craignent de ne pas pouvoir récupérer le logement. À partir de 65 ans, le locataire est protégé s'il a des revenus modestes ou intermédiaires (aux alentours de 27 000 euros par an en région parisienne et 24 000 euros en région) et le propriétaire bailleur doit proposer un relogement s'il veut mettre fin au bail.

Le but est d'éviter, aussi longtemps que possible, l'Ehpad à la personne âgée. Dans des sondages régulièrement réalisés par les pouvoirs publics, la très grande majorité des personnes âgées veulent vieillir chez elles. Une option consiste à trouver un appartement en résidence senior, mais celle-ci propose des services dont on ne souhaite pas forcément. De plus, en fonction des lieux, le loyer peut être assez élevé.

Acheter proche de chez soi un logement pour son parent est donc une option intéressante. L'occupant (le parent âgé ou une personne handicapée) peut même bénéficier du crédit d'impôt pour installer des baignoires adaptées, un monte-escalier ou une rampe d'accès, et ce, même si elle loue ou occupe à titre gratuit le logement. Le crédit d'impôt correspond à 25 % du montant des dépenses. Si la personne n'est pas imposable, elle reçoit un chèque de l'administration fiscale du montant du crédit d'impôt. Pour être éligible, il faut cependant présenter un taux d'incapacité d'au moins 50 %, sans condition d'âge, déterminé par la Commission des droits et de l'autonomie des personnes handicapées (CDAPH), ou bien être âgé d'au moins 60 ans et souffrir d'une moyenne à très forte perte d'autonomie entraînant le classement dans l'un des quatre premiers groupes iso-ressources (GIR). Autrement dit, il faut être éligible à l'allocation personnalisée d'autonomie (APA).

Comme dans le cas d'un logement pour les enfants, il est possible de donner l'usufruit à ses parents et garder la nue-propriété. Cela permet de sortir le bien de l'assiette de l'IFI, si vous y êtes assujetti.

Un élément de patrimoine à transmettre à ses enfants

Finalement, vous souhaiterez peut-être transmettre le logement à votre enfant. Cela est possible, d'autant plus qu'il constituera un bel élément de patrimoine qu'il pourra habiter, louer ou vendre. Dans ce cas, il faut respecter les règles de succession, notamment si vous avez d'autres enfants, et apporter une compensation équivalente à la valeur du logement.

Un parent peut procéder à une donation du logement, telle une avance de part successorale (avance sur l'héritage). Au décès du parent donateur, la part reçue par l'enfant sera alors soustraite de sa part d'héritage. Il est également possible d'avantager un enfant par rapport à d'autres en faisant une donation hors part successorale. La donation est alors faite à l'enfant en plus de sa part d'héritage. Pour ce faire, il faut utiliser la quotité disponible, qui est la part dont le donateur peut user librement. Il est également possible de gratifier ses petits-enfants (ou ses autres descendants) en utilisant sa quotité disponible.

En revanche, si le parent a dépassé sa quotité disponible ou que la part de réserve des enfants est grignotée par des dépenses, les héritiers peuvent contester la donation en exerçant leur action en réduction. Dans ce cas, le logement devra être vendu. Les conseils d'un notaire sont indispensables, car chaque cas de figure est particulier.

Un peu de technique

Avant de transmettre, il faut bien vérifier la valeur de l'appartement ou de la maison, car en fonction de cette dernière, il faudra payer des droits de succession. On peut transmettre à chacun de ses enfants 100 000 euros tous les 15 ans en franchise de droits de succession.

Comment en faire une stratégie gagnante ?

Choisir le bien adéquat : sans vacance locative et à fort potentiel

Acheter un logement pour ses enfants ou ses parents implique de bien choisir le logement, afin que l'investissement soit intéressant dans la durée. Rappelons qu'en matière d'immobilier, tout se joue sur le temps long, au moins dix ans.

Il faut donc acheter dans une ville où la demande locative est forte. Actuellement, elle est forte un peu partout, mais dans quelques années, il est difficile de prévoir si ce sera toujours le cas. Pour éviter cet écueil, le choix d'une métropole est judicieux. Le but est d'éviter au maximum la vacance locative. Il faut également bien choisir le quartier. En effet, tous les emplacements ne sont pas bons à prendre. Un quartier très demandé, mais cher, présente peu de risques comme il propose peu de rentabilité locative, puisque le prix d'achat est trop élevé par rapport aux loyers perçus. Un quartier difficile est risqué et peut poser des problèmes, même si la rentabilité est plus élevée. La meilleure solution consiste à choisir un quartier qui n'est pas encore trop cher, mais qui évolue dans le bon sens avec, par exemple, la rénovation d'espaces publics ou l'installation d'équipements culturels. De plus, si vous louez le logement à des étudiants (ou de jeunes actifs), il faut que le logement soit bien desservi par les transports en commun.

En principe, vous allez acheter un appartement et, dans ce cas, il faut faire attention à la copropriété. Vérifiez l'absence de charges impayées et le bon état de l'immeuble. Lisez bien le dossier de diagnostics fourni. N'oubliez pas : vous achetez un appartement tout comme une quote-part de copropriété. Si l'immeuble rencontre des problèmes (de voisinage, des parties communes mal entretenues...), cela peut impacter votre investissement locatif.

À retenir

La rentabilité locative étant actuellement relativement faible (2 à 3 % net d'impôt en moyenne), c'est lors de la vente du logement et avec son éventuelle plus-value que l'on peut savoir si le placement était intéressant. Il faut donc privilégier des biens qui se valorisent sur le long terme.

Formaliser la relation

Si vous louez le logement à un parent ou à un enfant, il est préférable de formaliser la relation par écrit, même si cela semble délicat. Il est possible de définir, par exemple, la durée pendant laquelle vous mettez le logement à sa disposition.

Cela permet de bien lister les obligations de ce dernier. Par exemple, doit-il payer l'abonnement Internet ou bien le prenez-vous en charge ? Comment doit-il entretenir le logement ? Ces démarches donnent lieu à des discussions, qui peuvent s'avérer utiles pour éviter les conflits ultérieurs.

De plus, si votre enfant vous paie un loyer (et qu'il n'est pas rattaché à votre foyer fiscal), seul un bail lui permet de bénéficier d'aides, notamment l'APL. Le bail constitue également une preuve en cas de contrôle fiscal pour montrer qu'il n'y a pas de donation déguisée ou de charges déduites de manière illégale.

Ne pas oublier l'assurance

Prêter ou louer son appartement à un tiers, qu'il soit votre enfant ou votre parent, nécessite de réfléchir à l'assurance. En effet, en tant que propriétaire non occupant, l'assurance responsabilité civile est obligatoire en copropriété et fortement conseillée en habitat individuel. L'occupant, c'est-à-dire le locataire, doit être assuré en cas de dégât des eaux, d'incendie ou encore de vol ou de dégradation des biens contenus dans le logement. Ce point est à discuter avec votre compagnie d'assurance. En principe, celle-ci exigera que votre enfant ou votre parent soit couvert par une assurance habitation multirisque, en plus de votre assurance de propriétaire non occupant. Dans le cas d'un enfant étudiant et sans ressources, vous pouvez prendre en charge le coût de cette assurance, même si votre enfant est assuré en son nom propre. En revanche, dans le cas d'un parent, ce dernier pourra sans doute payer la prime. Dans tous les cas, c'est un élément à discuter et à formaliser dans le bail.

Partie 3

Acheter et gagner de l'argent

Dans cette partie

Investir dans l'immobilier peut s'avérer un choix judicieux, notamment pour se constituer des revenus complémentaires, en particulier à l'approche de la retraite. Acheter un bien pour le louer reste une stratégie éprouvée. Les modalités de location sont nombreuses : de la location vide sur plusieurs années à la location meublée ou saisonnière sur quelques jours, chacun peut adapter son investissement à ses objectifs et à son rythme. Il est toutefois possible de rentabiliser un bien autrement : en divisant une parcelle, en transformant des dépendances, voire en louant un logement pour un tournage ou une séance photo. L'immobilier offre de multiples opportunités !

Stratégie #6

Acheter pour bénéficier de revenus complémentaires

Personne ne dit jamais non à l'obtention de compléments de revenus, que l'on soit à la retraite ou en activité !

Investir en immobilier permet de bénéficier de ces revenus complémentaires chaque mois en louant, qu'il s'agisse de logements, de bureaux, d'un commerce ou de tout autre bien. Il est aussi possible de percevoir des revenus occasionnels, si l'on préfère ce type de formule, et les solutions pour tirer parti de son acquisition sont variées et souples. De plus, de nouvelles solutions pour rentabiliser son bien sont apparues récemment avec le développement des réseaux sociaux et des plateformes mettant en relation les propriétaires et les locataires – tout en veillant, bien sûr à respecter la réglementation et ne pas créer de nuisances.

Les sommes obtenues ne sont pas négligeables et vont de quelques centaines d'euros par mois à quelques milliers pour les personnes qui possèdent un patrimoine plus important.

Ce chapitre offre un panorama des différentes solutions pour se procurer des revenus supplémentaires en investissant dans l'immobilier.

En quoi est-ce une stratégie gagnante ?

Un complément de revenus chaque mois

Pour obtenir des compléments de revenus situés entre 500 et 2 000 euros par mois, parfois plus, le plus efficace, pour un particulier, est de louer un logement spécialement acheté dans ce but. Le crédit souscrit pour acheter le bien à louer est remboursé par les loyers et, une fois le crédit remboursé, le loyer versé viendra s'ajouter aux revenus pour, par exemple, compléter une retraite. Le grand avantage de l'investissement immobilier, par rapport à d'autres types de placements, est qu'il est possible d'acheter sans disposer au préalable de fonds, en se servant de l'emprunt, et de créer ainsi de la richesse.

Un élément est à prendre en compte : actuellement, la demande locative est au plus haut et va le rester pour les prochaines années. Pourquoi une telle situation ? Tout d'abord, les taux d'intérêts élevés à la suite de la guerre en Ukraine ont fortement réduit le pouvoir d'achat des acheteurs. Cela a particulièrement impacté les primo-accédants, qui sont restés locataires, saturant ainsi le marché de la location. Parallèlement, les besoins en logements continuent d'augmenter.

De combien de logements a-t-on besoin ?

Selon les spécialistes du secteur, il faudrait construire environ 500 000 logements par an pour répondre à la demande de la population, alors que l'on atteint péniblement la construction de 300 000 logements par an. Une première explication à cette demande en logement est que la population française croît chaque année, même faiblement (+ 0,3 % en 2023 selon l'Insee). De plus, les seniors vieillissent chez eux et vivent plus longtemps : les logements se libèrent donc moins vite. Par ailleurs, les divorces, mais aussi la volonté de quitter le domicile de ses parents, expliquent cette situation. Au total, le nombre de personnes habitant un logement diminue alors que la population augmente. L'Insee estime qu'en 1968, chaque logement était occupé par trois personnes en moyenne, alors que ce chiffre est actuellement de deux personnes par logement.

Alors que la demande augmente depuis les années 2000, les investisseurs institutionnels – les banques et les assurances, qui possédaient de nombreux immeubles de logements – se sont retirés du marché. En effet, ils considéraient ce type de location comme trop complexe et moins rentable que la location de bureaux et de commerces. Les particuliers retirent également leurs logements du marché depuis quelques années, du fait d'une rentabilité parfois moins intéressante que d'autres placements, mais aussi de la peur d'un impayé de loyer ou des contraintes réglementaires décourageantes. L'interdiction de louer un logement énergivore dans les années à venir et les travaux nécessaires sont parmi les éléments qui les dissuadent le plus.

Selon le site d'annonces et d'estimation Meilleurs Agents, l'offre locative a baissé de 8,6 % entre octobre 2023 et octobre 2024, tandis que l'année précédente enregistrait déjà une baisse de l'ordre de 21 %. Même si la situation évolue, ce type de tendance met beaucoup de temps à s'inverser et la demande locative va continuer à être importante durant les années à venir.

À retenir

Depuis le 1er janvier 2025, les logements étiquetés G dans le DPE sont considérés comme indécents. Ce sera au tour des logements étiquetés F en 2028, puis des logements E en 2034. Une fois considéré comme indécent, un logement ne peut pas être loué.

Des possibilités de location variées

Bonne nouvelle : les possibilités de location sont variées et chacune présente des avantages comme des contraintes.

La location d'un logement vide

La location d'un logement vide correspond à la location d'un logement vide de meubles, qui est le modèle le plus classique. Le bail est de 3 ans, ce qui promet une plus grande stabilité du locataire et moins de risques de vacance locative (et donc de perte de revenus).

Quels revenus attendre ? Les loyers, en France, varient de 9 euros/m^2/mois à plus de 30 euros/m^2/mois dans une ville comme Paris. L'observatoire Clameur ou les observatoires des loyers renseignent sur le loyer moyen ville par ville. Par exemple, dans une ville où les loyers sont à 12 euros/m^2/mois, ce qui est le cas de beaucoup d'agglomérations de taille moyenne, on peut attendre des revenus annuels d'un montant de 4 320 euros pour un logement de 30 m^2.

Quelles contraintes ? La loi Alur de 2014 et le décret n° 2015-587 du 29 mai 2025 relatif aux contrats types de location de logement à usage de résidence principale prévoient, tout d'abord, un bail type comprenant les mentions obligatoires. En outre, un dossier de diagnostics obligatoires doit être remis au locataire. Il comprend notamment le DPE, qui renseigne sur la consommation d'énergie du logement, l'état des risques naturels mais aussi l'état de l'installation de gaz et d'électricité si l'installation a plus de quinze ans. Le logement doit, bien sûr, être décent : il doit mesurer au moins 9 m^2, ne pas laisser passer l'air ou les infiltrations d'eau, ne pas porter atteinte à la santé ou à la sécurité du locataire et ne pas être énergivore.

De plus, il faut respecter l'encadrement des loyers mis en place dans certaines villes. Les loyers sont plafonnés par le préfet dans 69 villes, telles que Paris, Lille, les villes de la Plaine Commune, Lyon, Villeurbanne, les villes d'Est Ensemble, Montpellier, Bordeaux, les villes du Pays basque et la métropole Grenoble Alpes. Des compléments de loyers permettant de dépasser ces plafonds peuvent être appliqués si le logement comprend, par exemple, une vue exceptionnelle ou est particulièrement bien équipé. Toutefois, ces compléments doivent être dûment justifiés dans le bail et sont susceptibles d'être contestés en justice.

La location d'un logement meublé

La location meublée offre davantage de possibilités et de souplesse, ce qui explique que le nombre de logements meublés ait beaucoup augmenté ces dernières années, jusqu'à représenter près d'un logement à louer sur deux dans certaines villes, essentiellement les plus grandes. Les règles du meublé sont plus favorables et il y a plus de souplesse pour récupérer le logement : le propriétaire peut mettre fin au bail chaque année (pour l'habiter lui-même, le vendre, etc.). Des avantages fiscaux supplémentaires, comme la possibilité d'amortir fiscalement les meubles, participent aussi à l'attractivité du meublé. Le dépôt de garantie donné au propriétaire, qui couvre les dégradations éventuelles, est de deux mois, au lieu d'un mois pour un logement vide.

Quels revenus attendre ? Les revenus à attendre sont les mêmes que ceux des logements loués vides, mais avec un supplément, qui monte en général à 10 % si l'on tient compte de l'usure des meubles.

Quelles contraintes ? De manière générale, les contraintes vont en s'accentuant. Petit à petit, les pouvoirs publics alignent en effet les règles du logement meublé sur celles du logement vide dans un but de protection du locataire. Si le logement est la résidence principale du locataire, le bail est d'une durée d'un an (ou de 9 mois s'il s'agit d'un étudiant) et un bail type est également obligatoire, selon les règles prévues par le décret précité. Les mêmes documents que pour un logement vide sont à remettre au locataire. De même, les logements meublés, s'ils sont la résidence principale du locataire, doivent respecter l'encadrement des loyers.

À retenir

Il existe un bail dit mobilité, qui court d'un à 10 mois maximum et est destiné aux personnes effectuant un stage, en mobilité professionnelle ou en formation. Il n'est pas tacitement reconductible, c'est-à-dire qu'à la fin du bail, il faut repasser sur un bail d'un an en meublé.

La location d'un logement à des touristes de passage

Si l'on recherche de la souplesse et que l'on ne souhaite pas louer un logement au long cours, il est possible de louer un logement meublé à des touristes de passage. Les revenus sont non négligeables. Les propriétaires publient généralement leurs annonces sur des plateformes comme Abritel, PAP, Airbnb, Gens de confiance, voire Booking. Le contrat est librement rédigé en fonction des besoins. Le propriétaire est soumis au Code du tourisme et non à la loi du 6 juillet 1989 qui régit les rapports entre locataires et propriétaires. On peut même interdire un animal de compagnie dans le logement, ce qui est impossible lorsqu'il s'agit de la résidence principale du locataire.

Quels revenus attendre ? Les revenus sont plus élevés que pour un logement meublé ou vide, puisqu'on loue généralement beaucoup plus cher à la semaine qu'au mois. Cela a d'ailleurs incité des propriétaires à basculer leur logement, autrefois loué en longue durée, vers du meublé touristique. En fonction des secteurs et de la qualité du logement, la location peut, par exemple, monter jusqu'à 300 euros par semaine pour un deux-pièces dans un secteur peu touristique ou jusqu'à plus de 600 euros par semaine en bord de mer. Le loyer hebdomadaire d'un bien haut de gamme, offrant une piscine par exemple, peut atteindre plusieurs milliers d'euros.

Quelles contraintes ? Cette formule comporte des inconvénients. Tout d'abord, les revenus sont plus irréguliers, puisque, par définition, le logement est loué par intermittence, essentiellement à la belle saison (ou en hiver pour les logements de montagne). De plus, les contraintes s'accentuent : l'enregistrement des meublés de tourisme est obligatoire depuis la loi Le Meur du 19 novembre 2024 (du nom de la députée qui l'a portée) et, dans de nombreuses communes où les logements à l'année manquent, les meublés de tourisme sont strictement réglementés. Par exemple, on ne peut plus louer une résidence secondaire en meublé de tourisme dans une cinquantaine de villes, comme Paris, Bordeaux ou Marseille, ainsi qu'une grande partie du Pays basque. Attention, en cas d'infraction, les amendes peuvent être très élevées et dépasser les 100 000 euros. Par ailleurs, il faut avoir conscience que la location saisonnière s'apparente à de l'hôtellerie, avec son lot de contraintes (la réception des hôtes, la blanchisserie, le ménage) qui requiert du temps et de l'argent.

La location d'une partie de sa résidence principale

Disposez-vous d'un espace supplémentaire, d'une chambre libre ? Louer une partie de sa résidence principale à un étudiant, un jeune actif, voire des hôtes de passage est tout à fait possible. Le contrat est librement fixé entre le locataire et le propriétaire.

La location à un étudiant ou de jeunes actifs

Nulle autorisation spécifique n'est requise. Des règles sont tout de même à respecter : la chambre doit être assez grande (au moins 9 m^2), posséder une ouverture sur l'extérieur, les meubles nécessaires (un lit, une table, chaises...) et un accès à des sanitaires et une cuisine.

Quels revenus attendre ? Dans les grandes villes, ce type de location permet de recevoir quelques centaines d'euros par mois – jusqu'à 500 euros par mois environ. Une exonération d'impôt est même consentie aux personnes qui louent de façon abordable. La notion « d'abordable » est fixée chaque année par les pouvoirs publics et exprimée en loyer annuel. En 2025, le loyer annuel dit raisonnable d'une chambre est de 213 euros/m^2 en Île-de-France et de 157 euros/m^2 en région. Autrement dit, une chambre de 10 m^2 située à Paris ne peut pas dépasser un loyer de 2 130 euros par an (soit 177 euros par mois). Ces prix sont extrêmement modiques, mais rien n'empêche le propriétaire de fixer un loyer plus élevé. Dans ce cas, en fonction de ses revenus, il devra peut-être payer des impôts. Le propriétaire peut publier son annonce de location sur les sites PAP, Cohebergement, Roomlala ou Airbnb.

La location à des touristes de passage

S'il s'agit de la location d'une chambre de votre résidence principale, il n'y a pas de limitation, comme c'est le cas si la totalité du logement est louée. Pour autant, toute chambre à l'accès autonome et s'apparentant à un studio meublé ne peut pas être louée à des touristes de passage dans les villes qui règlementent ce type d'activité. De plus, il faut que le logeur accueille physiquement son hôte et soit présent lors de son séjour. L'annonce doit préciser qu'il s'agit d'une chambre chez l'habitant et la chambre doit pouvoir communiquer avec les autres.

Un peu de technique

Dans les villes qui restreignent la location touristique, on peut louer sa résidence principale (ou un morceau de celle-ci) au maximum 90 à 120 jours par an (Paris et Marseille ont fixé un maximum à 90 jours). Au-delà, le logement n'est plus considéré comme la résidence principale et est donc interdit à la location. Avant de louer en meublé de tourisme, pensez à bien vous renseigner en amont auprès de la mairie, car c'est cette dernière qui fixe les règles. Toutes les villes ne les appliquent pas ; dans certaines, ce type de location est permis.

Quels revenus attendre ? Il est difficile de donner des moyennes, tant les cas de figure sont variés en fonction des secteurs et des prestations. On peut toutefois se caler sur le prix d'une chambre d'hôtel. Il est également possible de devenir un professionnel de l'hôtellerie et de créer un gîte, une chambre d'hôtes, etc., mais les règles sont alors différentes : des prestations obligatoires doivent être fournies (telles que le petit déjeuner) et les appellations sont strictement réglementées. Pour se renseigner, on peut consulter le site de l'Union des métiers et des industries de l'hôtellerie (UMIH).

Comment en faire une stratégie gagnante ?

Ne pas se polariser sur les revenus sans prendre en compte les dépenses

On souhaite tous recevoir des loyers, mais le statut de propriétaire est d'abord une source de dépenses.

Les impôts

Tout d'abord, le propriétaire paie la taxe foncière. L'Union nationale des propriétaires immobiliers (UNPI), qui tient un observatoire de la taxe foncière, indique qu'entre 2013 et 2023, les propriétaires immobiliers ont vu cette taxe augmenter en moyenne de 32,9 %, soit une hausse quatre fois plus importante que celle des loyers, qui n'ont progressé que de 7,7 % sur la même période. Entre 2023 et 2024, l'UNPI estime que la taxe foncière a augmenté de 4,9 % dans les 200 villes les plus peuplées de France. Depuis 2018, l'augmentation dépasse dans de nombreuses villes les 10 %. La taxe foncière n'est pas récupérable auprès du locataire. La taxe d'enlèvement des ordures ménagères, appliquée une fois par an, est, en revanche, récupérable auprès du locataire.

Les travaux et la sécurité

Un logement s'entretient régulièrement sous peine de se dégrader. Si les menus travaux sont à la charge du locataire, comme le remplacement des joints ou l'entretien de la chaudière, le propriétaire doit, pour sa part, prendre en charge les travaux liés au gros œuvre, tels que la réfection de la toiture, le remplacement des portes et des fenêtres, etc. Il doit aussi assumer les réparations résultant de malfaçons ou de vices de construction, mais aussi remédier au vieillissement du logement et de ses équipements. C'est également à lui de remplacer les équipements devenus vétustes, comme une chaudière.

Il lui revient aussi d'assurer tout ce qui est lié à la sécurité du logement et de respecter la loi du 6 juillet 1989, qui régit les relations entre les bailleurs et les locataires, dont l'article 6 stipule que le bailleur est tenu de remettre au locataire un logement décent ne laissant pas apparaître de risques manifestes pouvant porter atteinte à la sécurité physique du locataire ou à sa santé. Ainsi, si une fenêtre n'est pas équipée de garde-corps ou si un escalier n'est pas pourvu de rampe et que cela représente un danger, le propriétaire doit remédier au problème. De la même façon, si une installation de gaz ou d'électricité est défectueuse, le propriétaire est tenu de la réparer.

Concernant l'incendie, le propriétaire doit faire installer, à sa charge, des détecteurs de fumée permettant de prévenir les occupants en cas d'incendie. La loi n° 2010-238 du 9 mars 2010 a ainsi prévu l'installation obligatoire de ces équipements dans les locaux d'habitation. Si le propriétaire doit s'assurer du bon fonctionnement du détecteur lors de l'état des lieux, le locataire doit ensuite assurer son entretien, en changeant notamment sa pile.

À retenir

Pour être décent, le logement ne doit pas être énergivore. Dans le cas contraire, les travaux peuvent se révéler dispendieux. Pour gagner deux lettres au DPE et, par exemple, passer de G à E, il faut compter 10 000 euros environ pour les travaux d'isolation. Selon la CAPEB, la rénovation complète d'un logement nécessite entre 20 000 et 45 000 euros en fonction des difficultés techniques.

Les charges non récupérables auprès du locataire

Lors d'une location, notamment d'un logement qui se situe dans un immeuble en copropriété, le propriétaire paie parfois en avance des charges. Le syndic de copropriété, qui assure la gestion de l'immeuble, est ainsi amené à demander aux copropriétaires les sommes pour le chauffage ou le gardien de l'immeuble, que chaque copropriétaire récupère ensuite auprès de son locataire. La réglementation est subtile : le propriétaire ne récupère pas en réalité la totalité des charges. Le décret n° 87-713 du 26 août 1987 liste précisément ce qui est à la charge du propriétaire et ce qui ne l'est pas. Ce décret est consultable en ligne sur le site legifrance.gouv.fr. Globalement, il prévoit que les consommations courantes, comme l'énergie pour le chauffage, sont à la charge du locataire, mais que les gros contrats d'entretien ou certaines prestations, tels les gardiens n'assurant aucun nettoyage, restent à la charge du propriétaire.

Toutes ces dépenses pèsent sur les revenus et si la rentabilité brute peut être supérieure à 3 %, une fois les taxes et les travaux déduits, elle peut être d'à peine 1 %. L'immobilier doit, encore une fois, être envisagé sur le long terme. C'est seulement à la revente que l'on saura si l'investissement a été judicieux. Bien choisir son bien est donc fondamental.

Lorsqu'il s'agit d'une location saisonnière, les dépenses sont également importantes. L'entretien, notamment, est entièrement à la charge du propriétaire.

Assurer la sécurité de l'investissement

Lorsque l'on loue un logement, il faut assurer ses arrières en cas d'impayé de loyer. Ce type d'incident est rare (environ 2 % des cas), mais, lorsqu'ils se produisent, ils sont longs à régler (il faut compter entre deux et trois ans) et très angoissants pour le propriétaire bailleur. Ils s'accompagnent parfois de dégradations du logement. Le manque à gagner d'un propriétaire peut être important, mais il existe des outils pour se protéger.

La caution

La solution la plus utilisée par les propriétaires reste la caution. Autrement dit, une autre personne que le locataire s'engage à payer le loyer en cas de défaillance de ce dernier. La caution couvre aussi bien les dégradations dans le logement que les loyers et les charges impayés. Cet engagement est lourd financièrement, c'est la raison pour laquelle un formalisme important est prévu pour protéger la personne qui se porte caution. Des modèles de cautionnement sont disponibles en ligne. Deux formes existent : la caution peut être simple ou solidaire. En cas de caution solidaire, le propriétaire peut faire appel à la caution dès le premier impayé, sans devoir d'abord agir contre le locataire. Le seul problème est qu'il faut que la caution elle-même soit solvable.

La garantie des loyers impayés

La GLI est une assurance souscrite par le propriétaire pour se protéger des impayés de loyer. Elle peut être souscrite directement par le propriétaire auprès d'une compagnie d'assurance (la plupart des grandes assurances en proposent), ou bien par l'intermédiaire d'une agence immobilière si le propriétaire confie la gestion locative à cette dernière. Il faut compter entre 2,5 et 5 % du loyer annuel. L'avantage est que la GLI couvre les dégradations éventuelles et que les démarches juridiques contre le locataire sont réalisées par l'assurance elle-même. En signant le contrat, il faut cependant faire attention aux délais de carence en cas d'impayé de loyer.

Les assurances du locataire

Le locataire peut s'assurer lui-même contre le risque d'impayé de loyer, notamment s'il perd son emploi ou si sa situation professionnelle n'est pas très stable. Cette assurance lui permet de convaincre son propriétaire de lui louer le logement. Pour aider un public jeune ou en mobilité professionnelle à accéder au logement, les pouvoirs publics ont mis en place une garantie gratuite, baptisée Visale. Il faut être âgé de moins de 30 ans ou avoir été embauché depuis moins de six mois et être en période d'essai. Il doit s'agir de la résidence principale du locataire et le loyer ne doit pas être supérieur à 1 300 euros par mois. Gérée par Action Logement (le 1 % patronal), Visale couvre également les frais en cas de dégradations.

Le locataire peut aussi opter pour des assurances privées. La plus connue est Garantme. Les tarifs de cette assurance sont fixés en fonction du montant du loyer. Par exemple, le tarif est de 28 euros par mois pour un loyer mensuel de 500 euros.

Comment éviter les faux dossiers de location

Les propriétaires peuvent être confrontés à des dossiers falsifiés (de fausses fiches de paie ou de faux avis d'imposition) de la part de locataires qui souhaitent obtenir un logement. Rappelons que l'administration fiscale propose le Service de vérification des avis d'impôt sur le revenu en ligne (SVAIR), disponible sur le site impots.gouv.fr, pour vérifier la déclaration d'impôt des candidats. Il est aussi possible de confirmer avec leur employeur leurs fiches de paie. Enfin, le propriétaire peut demander au locataire de constituer son dossier sur le site dossierfacile.logement.gouv.fr. Labélisé par l'État, ce service authentifie les documents transmis et génère un lien permettant d'envoyer facilement l'ensemble du dossier.

Stratégie #7

Acheter pour rentabiliser son bien

La location vide, meublée, voire touristique est tout à fait respectable, mais l'un des avantages de l'immobilier est sa souplesse et ses multiples opportunités : il est possible de rentabiliser son bien de façon plus atypique. De nombreuses opérations sont possibles. Les plateformes Internet ont d'ailleurs apporté des progrès spectaculaires dans ce domaine en permettant de mettre en relation des personnes possédant un bien immobilier et celles ayant une demande, un besoin. Pour autant, comme dans tout investissement, il faut prendre des précautions et bien s'informer au préalable.

En quoi est-ce une stratégie gagnante ?

Diviser son terrain

Face à la nécessité de protéger les terrains naturels et agricoles de la demande croissante de logements, les maisons individuelles placées sur de grands terrains sont progressivement divisées. Les propriétaires d'une grande parcelle constructible ou d'une maison avec un grand terrain peuvent réaliser à cette occasion une belle opération financière.

Diviser sa parcelle peut être un moyen de financer les travaux de rénovation d'une maison en mauvais état. Vous accédez à l'achat alors même que les travaux étaient trop onéreux pour votre budget. Le seul bémol étant que vos voisins seront plus proches.

S'informer auprès de la mairie

Avant toute chose, il est indispensable de savoir si la division est autorisée sur votre terrain et s'il est constructible. Le projet doit, en effet, répondre aux règles d'urbanisme décrites dans le plan local d'urbanisme (PLU), qui impose des hauteurs et des emprises au sol maximums ainsi que des principes d'implantation par rapport à la voie et aux limites séparatives.

Le plus simple est de consulter le document d'urbanisme de la ville à la mairie et de demander un certificat d'urbanisme. Ce document vous renseigne sur la constructibilité effective du projet et gèle l'application des règlements d'urbanisme pendant 18 mois sur la parcelle, permettant ainsi le maintien des droits en cas de changement de législation. Mieux vaut demander un certificat d'urbanisme opérationnel plutôt qu'un certificat d'urbanisme simple. Le certificat d'urbanisme opérationnel liste les règles applicables, indique si l'opération immobilière que vous projetez est réalisable et renseigne sur l'état des équipements publics existants ou prévus. Le certificat d'urbanisme est gratuit, mais élaborer un tel projet, borner le terrain sont complexes et difficilement réalisables seul, sauf si l'on est soi-même un professionnel de l'architecture et de l'urbanisme.

Astuce

Un architecte ou un géomètre-expert peut monter le projet. Il faut débourser environ 5 000 euros, mais ces professionnels sont indispensables dans les communes où la division parcellaire est soumise à autorisation préalable. En zone dense, on peut vendre un terrain de 800 m^2 à plus de 200 000 euros.

Comprendre le principe des divisions

Dans certains cas, la division ne nécessite pas d'autorisation et un bornage amiable réalisé par un géomètre-expert est suffisant. C'est le cas si la commune n'a pas instauré de contrôle des divisions. Toutefois, en zone urbaine, les villes ont généralement instauré un tel contrôle, notamment pour s'assurer qu'il n'y a pas d'atteinte à l'environnement (article L115-3 du Code de l'urbanisme). Dans ce cas, il est nécessaire de déposer une déclaration préalable de division afin d'obtenir une non-opposition à ladite déclaration. Il s'agit d'une procédure dite allégée de lotissement. Le délai d'instruction est d'un mois et, si aucun courrier de l'administration n'est reçu dans ce délai, la décision de non-opposition est considérée comme accordée.

Si le projet crée des voiries ou des espaces communs à plusieurs lots, ou encore s'il se situe dans un secteur protégé ou un site classé, il faudra passer par une procédure plus lourde, le permis d'aménager. Ce dernier nécessite de fournir des pièces générales complémentaires, regroupées dans le Projet architectural, paysager et environnemental (PAPE). Ce document est conçu par le géomètre-expert si l'emprise du terrain est inférieure à 2 500 m² et en collaboration avec un architecte au-delà de 2 500 m².

En général, la personne qui vend le terrain ne prend pas en charge la construction sur la partie issue de la division : elle vend le terrain nu, à charge pour l'acheteur de porter son projet de construction. Si le vendeur décide de prendre en charge la construction, il peut déposer un permis de construire valant division, ce qui permet de sauter l'étape de la division seule. Ce type d'initiative est réservée à un public averti, à un professionnel de l'immobilier, tel qu'un marchand de biens. En effet, la personne qui vend le terrain et la maison joue le rôle d'un promoteur.

Le permis de construire

Le permis de construire est obligatoire lorsque vous voulez construire ou agrandir un bâtiment en créant plus de 20 m² de plancher ou d'emprise au sol (murs extérieurs compris, hors débord de toiture). Ce seuil monte à 40 m² dans les zones urbaines couvertes par les PLU. Le changement de destination d'un local est soumis à permis, si vous modifiez la structure porteuse ou la façade du bâtiment. C'est notamment le cas de la transformation d'un local non habitable, une grange par exemple, en un logement. Un permis est également nécessaire si vous créez des ouvertures.

Diviser son immeuble

Si vous possédez un immeuble entier (on parle alors de monopropriété), vous pouvez le diviser et le transformer en copropriété. Vous pouvez, par exemple, conserver l'un des appartements et vendre tous les autres. En fonction de la configuration de l'immeuble, vous pouvez aussi garder le premier étage et vendre le rez-de-chaussée, ou l'inverse. Une autre option est de diviser l'immeuble et de tout vendre.

À retenir

Un immeuble en copropriété n'est pas nécessairement un grand immeuble. Il peut simplement s'agir d'un petit immeuble de deux appartements (dits aussi « lots »).

La mise en copropriété peut être intéressante à plusieurs égards : lorsque votre propriété est trop grande pour que vous puissiez vous en occuper, parce que vous souhaitez transmettre une partie à vos enfants ou à vos proches ou bien, tout simplement – et c'est le plus probable –, parce que vous avez besoin d'argent.

Avant de créer la copropriété, il faut rédiger un règlement de copropriété, qui divise officiellement les différents espaces en créant des « lots » et qui attribue une quote-part de parties communes à chaque appartement. Autrement dit, chaque appartement devra financer une partie de l'entretien de la toiture, des couloirs, des escaliers, etc. Pour cela, il faut faire appel à un notaire ou à un géomètre-expert, qui établira les documents. Un avocat peut également faire le nécessaire. Il faut compter quelques milliers d'euros.

Réaliser le DTG

Avant de créer la copropriété, le propriétaire initial doit effectuer un diagnostic technique global (DTG) de l'immeuble, s'il a plus de dix ans. Ce rapport vise à informer les futurs copropriétaires de l'état général de l'immeuble, de ses éléments de sécurité et de ses équipements communs. Le DTG comprend l'analyse de l'état apparent des parties et des équipements communs, l'évaluation des éventuelles améliorations à apporter, un audit énergétique du bâtiment, la vérification de la situation du syndicat des copropriétaires, l'évaluation des travaux d'entretien et de conservation de l'immeuble et une estimation du coût prévisionnel de ces travaux. Le rapport doit être présenté lors de la première assemblée générale des copropriétaires et un syndic doit être nommé.

Des locataires protégés

Lorsque les logements sont déjà occupés par des locataires, ces derniers sont protégés. Ils ont la priorité pour l'achat de leur logement et doivent être informés de son prix – même s'ils ne l'achètent pas, ils doivent être informés en cas de baisse du prix successive.

De plus, lorsque l'immeuble comprend plus de cinq logements, dont certains en location, le propriétaire bailleur qui souhaiterait diviser son immeuble en copropriété et vendre les différents lots doit savoir que l'acquéreur est contraint par un délai minimal, pendant lequel il ne peut pas donner congé aux locataires en place. La loi du 6 juillet 1989, qui régit les relations entre les bailleurs et les locataires, prévoit que lorsque le terme du contrat de location en cours intervient moins de trois ans après la date d'acquisition, le bailleur ne peut donner congé à son locataire pour vendre le logement qu'au terme de la première reconduction tacite ou du premier renouvellement du contrat de location en cours. Autrement dit, c'est seulement au cours du deuxième bail que le congé peut être donné. De plus, lorsque le terme du bail intervient moins de deux ans après l'acquisition, le congé donné par le bailleur au terme du contrat de location en cours ne prend effet qu'à l'expiration d'une durée de deux ans à compter de la date d'acquisition.

Louer un mur ou un emplacement pour un panneau publicitaire

Si vous disposez d'un mur aveugle ou tout simplement d'un terrain, il est possible d'y poser un panneau publicitaire promouvant un produit ou un service. La rentabilité varie fortement en fonction de la visibilité du panneau et de sa localisation et il est difficile de donner un chiffre, mais les spécialistes évoquent un revenu de quelques milliers d'euros par an. Attention cependant, vous aurez des impôts supplémentaires à payer et il faut s'assurer au préalable auprès de votre mairie que vous avez le droit de l'installer. En effet, la publicité est fortement réglementée, notamment à proximité des centres historiques. Il faudra ensuite déposer une demande d'autorisation à la mairie.

Un peu de technique

Les règles d'implantation en matière de publicité sont stipulées soit dans le PLU, soit dans un règlement local de publicité (RLP).

Vous pouvez contacter directement une régie publicitaire, comme JCDecaux, Clear Channel, Giraudy ou des sociétés locales, ou bien proposer vous-même la location de votre mur sur des plateformes spécialisées, telles que Jelouemonterrain. Ces dernières peuvent vous conseiller sur les formalités administratives.

En général, le panneau est installé par l'entreprise, qui en reste la propriétaire et signe un bail de quelques années (d'une durée de 6 ans le plus souvent) avec le propriétaire du mur ou du terrain (ou, s'il s'agit d'un immeuble, avec la copropriété). C'est notamment le cas de Jelouemonterrain, qui s'occupe de tout, depuis l'installation du panneau jusqu'à la signature du bail.

Les revenus sont variables en fonction de l'emplacement du panneau (la visibilité du mur, la taille de la ville, la fréquentation de la rue...) : ils peuvent courir de 1 000 euros par an à plusieurs milliers d'euros par an.

Louer sa maison ou son immeuble pour le tournage d'un film

Votre maison ou votre immeuble peut intéresser les sociétés de production, qui cherchent souvent des sites de tournage, en Île-de-France comme en région. Si vous ne possédez pas de contacts dans le milieu du cinéma, il est possible de passer par différents sites Internet mettant en relation les sociétés de production et les personnes susceptibles de louer un lieu. On peut citer Cast-things, PAT (Prêt à tourner) et Wakeup. Ces sites annoncent des tarifs avoisinant les 2 000 euros par jour de tournage, mais ce chiffre dépend bien sûr du type de bien et de film.

Avant le démarrage du tournage, vérifiez avec votre assurance habitation que vous êtes bien couvert. S'il s'agit d'un immeuble, il faut poser la question à tous les copropriétaires réunis en assemblée générale. De plus, afin de vous couvrir en cas de dégradations commises lors du tournage, il peut être intéressant d'établir au préalable des constats avec des commissaires de justice (le nouveau nom des huissiers).

Louer son jardin, sa piscine...

Astuce

Avec le développement des réseaux sociaux, on peut aussi louer son jardin ou sa piscine à la journée sur des sites comme Louer ma piscine privée, MyPrivatePool ou Swimmy. La location d'une durée de 4 heures environ peut rapporter 100 à 150 euros (comptez 20 à 30 euros par personne). Côté jardin, on peut citer Jardins Privés, AlloVoisins ou Kiwiiz, qui annoncent des prix à partir de 10 euros par jour.

Installer une antenne de téléphone

Les opérateurs de téléphonie mobile sont toujours à la recherche de toits ou de terrains pour y poser leurs équipements, notamment dans le cadre du développement de la 5G. Ces propositions s'adressent aux copropriétés en raison de leur hauteur plutôt qu'aux maisons individuelles. Les contrats sont alléchants, de l'ordre de 15 000 euros par an, ce qui constitue un revenu non négligeable pour la copropriété.

Une antenne comporte toutefois des inconvénients : elle nécessite tout d'abord de laisser des accès en toiture pour les travaux et l'entretien. Par ailleurs, même si rien ne prouve que les ondes dégagées par les antennes sont nocives pour la santé, le principe de précaution incite les copropriétaires à refuser. Pour autant, en fonction de la configuration des lieux, il est possible, par exemple, d'installer l'antenne sur un bâtiment annexe. Dans tous les cas, le contrat qui vous lie à l'opérateur de téléphone doit être examiné attentivement, car il n'est pas nécessairement à l'avantage de l'immeuble. Il est prudent de se faire assister par un avocat spécialisé, qui examine les conditions de durée, d'entretien et de rémunération.

Installer des panneaux solaires

Pour rentabiliser son bien immobilier, on peut produire soi-même de l'énergie par le biais de panneaux solaires. On peut ainsi bénéficier d'énergie gratuite pour faire fonctionner son logement, être autonome en cas de besoin et vendre l'énergie non utilisée au réseau. L'installation peut s'effectuer aussi bien en maison individuelle qu'en copropriété, bien qu'elle soit plus facile en maison individuelle, car la décision n'appartient qu'à une seule personne. Les panneaux solaires peuvent être thermiques (autrement dit, ils chauffent l'eau pour le chauffe-eau, les radiateurs, etc.) ou photovoltaïques (ils produisent du courant).

À retenir

Les installations actuelles permettent de créer de l'eau chaude sanitaire ainsi que du chauffage. De même, il est possible de cumuler des panneaux solaires photovoltaïques et thermiques.

Les modalités

Lorsqu'il s'agit de panneaux photovoltaïques, l'électricité produite est vendue à EDF, qui a l'obligation de l'acheter à un tarif fixé à intervalles réguliers par les pouvoirs publics. En dépit de fluctuations au fil des années, parfois de déceptions de la part des producteurs d'énergie, l'installation de panneaux solaires est globalement rentable sur une période de 16 à 20 ans environ – en fonction des aides, cette durée peut être inférieure à 10 ans.

Avant de faire poser des panneaux solaires, il faut d'abord s'assurer que l'espace y est suffisant. Sur les toits plats, les panneaux seront inclinés vers le sud selon un angle de 30 °C à l'aide de châssis. Les panneaux peuvent aussi être posés sur les façades de bâtiments annexes, tels des parkings, ou bien en remplacement des garde-corps. Pour que l'installation soit rentable, rien ne doit faire de l'ombre aux panneaux, qu'il s'agisse d'arbres, d'un bâtiment proche, de cheminées ou encore de conduits de ventilation. On peut se renseigner sur le niveau d'ensoleillement de sa toiture en se rendant sur le cadastre solaire, via les sites Potentiel Solaire ou Cadastre solaire. Attention cependant, en fonction du type de toiture, la pose de panneaux peut être plus ou moins aisée, notamment sur les toitures en zinc des immeubles du XIXe siècle. Une telle installation nécessite l'obtention d'une autorisation administrative, puisqu'il s'agit d'une modification de la façade. Lorsque la maison ou l'immeuble est situé en centre-ville, à proximité d'un monument historique, l'accord de l'architecte des bâtiments de France (ABF) est requis. Certaines collectivités ont publié des brochures indiquant à quelles conditions l'installation peut être réalisée, notamment à Paris.

Une étude de faisabilité détaillée est ensuite indispensable : pour trouver un professionnel sérieux dans ce domaine, le plus simple est de consulter la plateforme publique et gratuite France Rénov', le site Qualit'EnR, qui peut orienter vers des professionnels qualifiés, le site Qualisol pour tout ce qui concerne le solaire thermique et le site QualiPV pour le solaire photovoltaïque. Le but est d'éviter les arnaques – il ne faut d'ailleurs pas répondre aux sollicitations téléphoniques.

Les recettes

En matière de photovoltaïque, le coût de l'installation et les recettes sont liés à la puissance des panneaux. La puissance d'une installation solaire se mesure en kilowatt-crête (kWc) : cette unité exprime la puissance maximale que peut produire un panneau dans des conditions optimales.

À titre d'exemple, une installation de 3 kWc couvre en moyenne 25 à 40 % des besoins en électricité d'une maison de 100 m^2 chauffée exclusivement à l'électricité, selon l'isolation et la région. Pour produire une telle énergie, comptez environ 12 à 15 m^2 de panneaux solaires, en fonction du rendement des panneaux et de votre localisation. Le sud de la France bénéficie d'un ensoleillement supérieur, ce qui améliore la rentabilité. À titre indicatif, il faut environ 20 % de surface supplémentaire à Paris pour obtenir la même production qu'à Toulouse.

Le coût moyen d'une installation de 3 kWc se situe entre 8 000 et 11 000 euros, pose comprise. L'étude de faisabilité peut être réalisée pour un coût modeste (elle est souvent gratuite ou incluse) et il faut prévoir des frais de raccordement, pouvant courir de 500 à 1 000 euros.

Selon Hello Watt, une installation photovoltaïque de grande surface (par exemple, 100 m² de panneaux, soit environ 15 à 20 kWc) peut générer un revenu annuel de 700 à 2 000 euros, selon la part de l'électricité revendue (entre 40 et 60 %), l'ensoleillement et les tarifs de revente.

Percevoir un loyer régulier grâce à l'achat d'un bien atypique

Lorsque l'on choisit d'investir en immobilier, on pense d'abord aux appartements, mais il est tout à fait possible d'acheter des biens plus atypiques, tels que des parkings ou des caves, qui rapportent un loyer non négligeable. Ce type de bien peut rapporter quelques centaines d'euros par an, mais les contraintes sont minimales : le bail est très souple, le contrat est libre, aucun diagnostic n'est à fournir et le locataire n'est pas prioritaire en cas de rachat. Comme pour tout bien immobilier, il faut visiter, se renseigner sur les prix autant que possible, et ce, afin de ne pas surpayer.

Une autre possibilité est d'investir dans un fonds de commerce. La situation est plus complexe, car cet investissement nécessite d'être conseillé ou de s'y connaître. Les baux commerciaux sont, en effet, plus techniques, en partie parce que l'on achète des murs mais aussi des matériels professionnels. Même chose pour des bureaux. Ce type de placement intéresse surtout les professionnels de l'immobilier, comme les marchands de biens. En revanche, il est possible d'investir dans ce type de biens par le biais de la « pierre-papier », les SCPI. Ces sociétés confient à des sociétés de gestion la responsabilité de gérer un portefeuille de biens, dont vous êtes en partie propriétaire. Des loyers vous sont versés régulièrement en fonction des parts que vous détenez. Votre conseiller financier habituel peut vous conseiller.

Comment en faire une stratégie gagnante ?

Ne pas présumer de ses forces ni de ses connaissances

Si l'on n'est pas soi-même un spécialiste de l'immobilier, certaines des stratégies évoquées ci-dessus nécessitent de bien se renseigner et, *a fortiori*, d'être accompagné.

Plusieurs professionnels peuvent vous aider :

» Un architecte : l'architecte conçoit, planifie et supervise les projets immobiliers en assurant leur conformité esthétique, technique et réglementaire. Il intervient aussi bien pour obtenir les autorisations administratives (le permis de construire) que pour coordonner les travaux et garantir la qualité de l'exécution. Son intervention est obligatoire lorsque la construction dépasse 150 m^2.

» Un notaire : le notaire sécurise juridiquement une transaction immobilière en authentifiant les actes (une promesse, une vente, une mise en copropriété) et en garantissant leur validité. Il vérifie les titres de propriété, rédige les actes officiels, collecte les taxes pour l'État et enregistre la vente au service de la publicité foncière.

» Un géomètre-expert : le géomètre-expert intervient pour délimiter précisément les propriétés, réaliser des plans et établir des documents officiels, comme l'état descriptif de division en copropriété. Il garantit la validité des mesures foncières et permet de sécuriser juridiquement la division ou la vente d'un bien.

» Un avocat : l'avocat en droit immobilier conseille et sécurise juridiquement les parties lors d'une transaction, notamment en cas de situations complexes (litiges, indivision, servitudes, succession, urbanisme, etc.). Il peut rédiger ou vérifier les contrats, défendre vos intérêts en cas de contentieux et vous représenter devant les tribunaux si nécessaire.

Certains projets nécessitent l'aide, parfois simultanée, de tous ces professionnels, ce qui peut représenter un coût et être complexe à mener. Sauf à être soi-même un spécialiste de l'immobilier, il est rare d'être entouré au quotidien par ce type de professionnels. Avant tout, il faut bien se renseigner et trouver des interlocuteurs fiables. Parfois, il est nécessaire de mener ce qui ressemble à une enquête et contacter différents professionnels ou des associations spécialisées.

Ne pas acheter uniquement pour rentabiliser

L'objectif de rentabilité est louable, mais il ne doit pas être l'unique but de l'achat d'un bien immobilier. Vous risquez d'être déçu. Tout d'abord, ce type de projet présente parfois des impondérables, qui conduisent le projet à l'échec : votre terrain est divisible mais vous n'obtenez pas de permis de construire, ou bien votre immeuble n'est pas divisible en plusieurs appartements. Il n'est donc pas raisonnable de tout miser, que ce soit financièrement ou à titre personnel, sur un projet.

Il ne faut pas non plus surestimer la rentabilité. C'est une fausse bonne idée de croire que vous pourrez gagner beaucoup d'argent avec un panneau publicitaire ou une antenne de téléphone.

Les professionnels de l'immobilier, tels que les marchands de biens qui achètent à bas coût des biens dont personne ne veut (du fait d'une succession, de gros travaux, d'ennuis à gérer, etc.), gagnent leur vie en achetant, puis en divisant, rénovant et revendant les biens achetés. Ils connaissent tous les rouages de l'immobilier et mutualisent les risques. Une opération peu rentable sera compensée par une autre, davantage intéressante : une stratégie que ne peut pas adopter un particulier dont ce n'est pas le métier.

Chapitre #8

Acheter pour diminuer ses impôts

Acheter permet d'être propriétaire tout en diminuant, parfois, sa fiscalité. Certes, les avantages fiscaux en immobilier ont globalement été réduits ces dernières années, mais il en subsiste encore une bonne partie, notamment en cas d'investissement locatif. De plus, le manque de logements à louer, dans les grandes villes notamment, pourrait conduire à la réintroduction de dispositifs de défiscalisation. Il ne faut pas acheter dans le seul but de bénéficier d'un avantage fiscal, car il existe toujours le risque que celui-ci soit remis en cause. En outre, il faut garder à l'esprit que l'avantage fiscal est accordé en échange de placements généralement peu prisés par le public et que l'État souhaite encourager. Pour autant, si vous avez l'intention d'acheter, il est possible de réduire son impôt par la même occasion. De la location meublée à la location vide en passant par les monuments historiques, voici un panorama des différents dispositifs permettant une économie d'impôts et les précautions à prendre.

En quoi est-ce une stratégie gagnante ?

Pourquoi ne pas profiter de l'achat de votre bien immobilier pour réduire vos impôts ? De multiples possibilités s'offrent à vous, selon que vous soyez propriétaire bailleur ou occupant.

En tant que propriétaire bailleur

Les avantages liés au statut de propriétaire bailleur

Lorsque vous achetez un logement à louer dans le but de faire un placement et d'obtenir un complément de revenus (en prévision de votre retraite, par exemple), vous pouvez bénéficier d'avantages fiscaux tout au long de la location. Le but étant d'inciter les propriétaires à proposer des logements à louer.

Un peu de technique

Le statut de bailleur privé fait actuellement l'objet d'une réflexion au sein du gouvernement. L'objectif est de rendre la location plus rentable pour attirer de nouveaux investisseurs vers ce secteur, de façon à fluidifier le marché locatif saturé un peu partout sur le territoire. Des mesures seront peut-être reprises dans le projet de loi de finances pour 2026, mais à l'heure où nous écrivons ces lignes, nous n'en connaissons pas le détail.

La location d'un logement vide : deux régimes possibles

Lorsque vous louez un logement nu, c'est-à-dire vide de meubles, avec un bail de 3 (pour les personnes physiques) ou de 6 ans (pour les personnes morales), vous êtes soumis à plusieurs types d'imposition : la taxe foncière, qui s'applique à tous les propriétaires, mais aussi l'impôt sur le revenu issu des loyers perçus.

Pour autant, la réglementation offre la possibilité de diminuer un peu ses impôts. Dans certains cas, l'imposition est même entièrement gommée et aucun impôt n'est à payer sur les revenus perçus.

Le propriétaire bailleur a le choix entre deux régimes d'imposition.

Le micro-foncier

Afin de bénéficier du régime micro-foncier, il faut percevoir moins de 15 000 euros par an de revenus locatifs. Le propriétaire est alors imposé sur seulement 30 % de ses loyers. Aucune déduction supplémentaire n'est possible. Le micro-foncier est un régime simple à appliquer, qui convient bien en cas d'absence de travaux.

Si les revenus issus des loyers sont supérieurs à 15 000 euros par an, c'est un autre régime qui s'applique automatiquement, le **régime réel**, qui permet de déduire davantage d'éléments des revenus perçus et de gommer une partie de l'imposition. Toutefois, le propriétaire bailleur peut volontairement opter pour ce régime réel, même s'il perçoit beaucoup moins chaque année. Cela peut lui être avantageux, notamment s'il a eu des dépenses importantes. Il peut déduire un grand nombre de charges au réel comme les travaux d'entretien, les travaux d'amélioration, les intérêts d'emprunt, les taxes et les impôts, mais aussi les frais de gestion locative (les honoraires de l'agence immobilière, par exemple, ou encore les honoraires d'un comptable ou les frais d'assurance).

À retenir

En tant que propriétaire bailleur, vous pouvez choisir chaque année de passer au régime réel. Cependant, une fois que vous avez opté pour le régime réel, le choix est irrévocable pendant 3 ans. Il sera ensuite possible de repasser en micro-foncier.

Le déficit foncier

Le régime du déficit foncier est intéressant si le propriétaire bailleur a réalisé des travaux importants et que ses dépenses dépassent ses recettes. En effet, grâce à ce régime, il lui est possible de reporter jusqu'à 10 700 euros par an de déficit foncier de son revenu global imposable (et ainsi réduire son impôt sur le revenu). Et ce, pendant 6 ans au maximum. La part du déficit excédant 10 700 euros n'est pas perdue : elle est reportable sur les revenus fonciers des dix années suivantes (mais non pas sur le revenu global). De plus, il faut continuer de louer pendant au moins 3 ans.

La location d'un logement meublé : la possibilité d'amortir le bien et les meubles

Vous bénéficiez aussi d'avantages fiscaux en louant un logement meublé. D'ailleurs, les propriétaires bailleurs ne s'y trompent pas et les locations meublées se sont multipliées en ville ces dernières années.

Il faut savoir que le régime des locations meublées est considéré comme un bénéfice industriel et commercial (BIC), non comme un revenu foncier. Dans ce cadre, il est possible de comptabiliser un amortissement du bien, des meubles et des travaux, c'est-à-dire de déduire de ses loyers une somme chaque année pour compenser l'usure du bien. Cet amortissement est déductible des loyers, ce qui réduit fortement, voire annule l'imposition sur les revenus locatifs. Les amortissements ne sont pas limités à 10 700 euros par an et peuvent être reportés sans limite de durée.

Un exemple de déficit foncier

Le fonctionnement du déficit foncier est assez complexe. Pour mieux comprendre, prenons un exemple. Imaginez que vous percevez des revenus locatifs annuels de 10 000 euros pour une location nue. Vous réalisez des travaux d'entretien déductibles à hauteur de 25 000 euros et vos charges déductibles montent à hauteur de 4 000 euros. Votre taux marginal d'imposition est de 30 %. Vous pouvez déduire 29 000 euros sur vos revenus. Soit :

29 000 euros – 10 000 euros = déficit foncier de 19 000 euros

La première année, vous gommez vos revenus issus des loyers et si votre taux marginal d'imposition est de 30 %, l'économie d'impôt est la suivante :

10 700 euros × 30 % = 3 210 euros

Le solde du déficit (19 000 euros – 10 700 euros = 8 300 euros) est reportable pendant 10 ans sur vos futurs revenus fonciers.

Chaque année où vous dégagez un revenu foncier positif, ce déficit s'impute automatiquement jusqu'à épuisement.

» Année N : 3 210 euros (sur revenu global)

» N+1 et N+2 :1 800 euros + 690 euros = 2 490 euros

» Total économie d'impôt : 5 700 euros

Le propriétaire bailleur a le choix entre deux statuts :

» **Le statut de loueur en meublé non professionnel (LMNP) : les revenus locatifs doivent être inférieurs à 23 000 euros par an et inférieurs aux revenus professionnels du foyer. Le propriétaire peut choisir le régime micro-BIC et obtenir un abattement forfaitaire de 50 % sur les loyers. S'il opte pour le régime réel, il peut déduire de l'amortissement, mais aussi des travaux d'entretien, des frais de gestion.**

Un peu de technique

Pour amortir un bien, l'administration fiscale admet que la durée de l'amortissement puisse être de 50 ans. Vous pouvez déduire chaque année 2 % de sa valeur de construction.

Amortir un bien avec le statut de LMNP

Jusqu'à présent, le régime de LMNP permettait aux propriétaires de déduire une somme au titre de l'amortissement du bien de leurs revenus issus des loyers. Lors de la revente du bien, ces amortissements n'étaient pas pris en compte dans le calcul de la plus-value imposable, offrant un avantage fiscal notable. Depuis le 1er janvier 2025, cette disposition a évolué : les amortissements pratiqués sont désormais réintégrés dans le calcul de la plus-value lors de la cession du bien, augmentant ainsi la base imposable et, par conséquent, l'impôt dû. À noter que ce dispositif a un effet rétroactif et s'adresse aux propriétaires qui ont déjà investi et déduit une somme au titre de l'amortissement. La taxation sur la plus-value diminue au fur et à mesure de la détention du bien. Au-delà de 22 ans, la taxe sur la plus-value est nulle et seuls restent les prélèvements sociaux. Au-delà de 30 ans, il n'y a plus de taxe à payer. L'option intéressante est donc de conserver le logement le plus longtemps possible.

Une autre option consiste à se tourner vers deux types d'investissements non concernés par la réintégration de l'amortissement dans les plus-values : les résidences avec services pour seniors et celles pour étudiants. Les résidences de tourisme ne sont pas comprises dans cette exonération.

» Le statut de loueur en meublé professionnel (LMP) : les revenus locatifs doivent être supérieurs à 23 000 euros par an et supérieurs aux autres revenus du foyer. Le déficit est imputable sur les revenus globaux, non seulement sur le BIC. Il est possible de déduire de l'amortissement ainsi que d'obtenir une exonération de la plus-value. L'activité doit durer plus de 5 ans et les recettes doivent être inférieures à 90 000 euros en moyenne sur deux ans.

La location d'un meublé de tourisme

La location d'un logement meublé constitue une activité commerciale, que le logement soit loué en longue durée ou de façon occasionnelle en meublé de tourisme. Les revenus issus de cette location sont donc imposés dans la catégorie des bénéfices industriels et commerciaux, non celle des revenus fonciers.

Le contribuable a deux solutions pour déclarer ses revenus : opter pour un régime simplifié, dit micro-BIC, ou le régime réel.

Le régime micro-BIC permet de bénéficier d'un abattement automatique de 50 % (l'imposition ne porte donc que sur la moitié des revenus) ou de 71 % lorsqu'il s'agit d'un meublé de tourisme classé. Toutefois, ce régime ne permet pas de déduction supplémentaire, contrairement au régime réel, qui permet de déduire des dépenses liées au logement loué.

Pour bénéficier au mieux de l'avantage fiscal, tout l'intérêt consiste à calculer si les frais déductibles sont assez importants pour passer au régime réel, autrement dit si des charges, des frais de réparation du logement sont plus importants que les revenus perçus.

Le micro-BIC s'applique d'office si les recettes brutes de 2024 (la dernière année déclarée actuellement) n'ont pas dépassé 77 700 euros par an. Dans ce cas, qui représente la grande majorité des propriétaires de meublés de tourisme, le bailleur bénéficie d'un abattement forfaitaire pour charges de 50 % sur les recettes locatives et supporte l'impôt sur le revenu et les prélèvements sociaux sur les 50 % restants. Pour les professionnels du tourisme, dont le bien est classé « meublé de tourisme » au sens de l'article L324-3 du Code du tourisme (gîtes, chambres d'hôtes…), les revenus maximums pour bénéficier du micro-BIC sont de 188 700 euros. L'abattement est alors de 71 % et l'imposition porte sur les 29 % restants.

Au-delà de ces seuils, il faut opter pour le régime réel, mais il est possible d'opter pour ce régime même si les revenus sont inférieurs aux seuils. L'option est valable un an, puis elle est reconduite tacitement d'année en année.

À retenir

On passe généralement par des plateformes telles que Airbnb ou Abritel pour louer un meublé de tourisme. Les revenus réalisés par l'intermédiaire de ces plateformes doivent être déclarés dès le premier euro et ces dernières doivent informer le propriétaire de chaque transaction concernant ses obligations fiscales et sociales. Elles doivent aussi lui fournir chaque année un récapitulatif du montant des transactions réalisées dans l'année et déclarer aux services fiscaux le montant annuel des revenus perçus et le nombre de transactions passées par leurs utilisateurs les années précédentes.

Qu'est-ce qui change en 2026 ?

Pour éviter que les propriétaires ne se tournent vers le meublé de tourisme parce qu'il est plus rentable et plus souple que le logement loué à l'année, la loi Le Meur du 20 novembre 2024 a modifié les règles. Celles-ci s'appliquent aux revenus perçus en 2025 : la mesure sera donc concrète au moment de la déclaration des revenus de 2026.

» Le plafond d'application du régime micro-BIC baisse de manière générale. Pour les meublés classés et les chambres d'hôtes, il sera de 77 700 euros (contre 188 700 euros actuellement). Pour tous les autres logements loués, il sera de 15 000 euros (contre 77 700 euros actuellement). Au-delà de ces seuils, il faudra passer au régime réel.

» L'abattement forfaitaire pour charges est réduit à 30 % pour les propriétaires qui louent un meublé de tourisme non classé et à 50 % pour ceux qui louent un logement classé. Le tour de vis est donc important, puisque l'assiette de l'impôt sera beaucoup plus large.

À terme, il sera donc sans doute plus intéressant d'opter pour le régime réel d'imposition. De plus, les meublés de tourisme sont de plus en plus réglementés. Dans certaines agglomérations, où les logements manquent, il est nécessaire d'obtenir une autorisation pour modifier l'usage du logement et le faire passer d'un logement classique à une activité commerciale. Il est donc préférable de se renseigner au préalable.

Opter pour un dispositif d'investissement locatif

Plusieurs dispositifs incitent les propriétaires à louer, à des loyers abordables, leurs logements à des personnes modestes. Le dispositif d'investissement locatif Pinel, qui incitait à acheter dans un logement neuf, s'est achevé le 31 décembre 2024, sans être remplacé.

Il reste tout de même deux dispositifs possibles :

» Le dispositif Loc'Avantages : il faut louer le logement pendant au moins 6 ans à un loyer bien en dessous du marché, ce qui permet une réduction d'impôt de 15 à 35 % en fonction du niveau de loyer fixé. Si le ménage fait appel à une intermédiation locative, c'est-à-dire une structure dont le métier est de s'occuper de locations sociales, la réduction peut être de 65 %. Les loyers sont entre 15 et 45 % inférieurs aux montants observés sur le marché locatif du secteur. Les ressources du locataire varient en fonction des secteurs géographiques. Ils sont actualisés chaque année. Comme tous les dispositifs d'investissement locatif, Loc'Avantages est complexe et plutôt destiné à des personnes déjà averties. De plus, l'effort financier demandé aux bailleurs n'est pas négligeable, même en échange d'un avantage fiscal.

À retenir

Pour louer selon le dispositif Loc'Avantages, il faut que le logement soit étiqueté E dans le DPE, obligatoire lors de la vente ou de la location du logement. Ainsi, les logements F et G ne peuvent pas être loués avec le dispositif Loc'Avantages.

» Le dispositif Denormandie : cet outil offre un avantage fiscal aux bailleurs qui rénovent des logements anciens dans des villes moyennes. Il est semblable au dispositif Pinel. Le bailleur doit rénover un logement ancien (avec des économies d'énergie à la clé) situé dans une ville faisant partie du système de redynamisation des villes, baptisé « cœur de ville ». Les travaux doivent représenter 25 % du coût total de l'opération et améliorer la performance énergétique du logement de 20 % au moins. Il faut fixer un loyer en dessous d'un plafond en fonction de la zone géographique dans laquelle est situé le logement, puis le louer pendant 6 à 12 ans. En échange, une réduction d'impôt s'applique : de 12 à 21 % du prix du bien. Ce dispositif est relativement compliqué en raison des lourds travaux à réaliser et reste encore peu utilisé.

Les investissements dans les résidences avec services

Un propriétaire bailleur peut investir dans une résidence avec services pour étudiants ou personnes âgées afin de bénéficier du statut de loueur en meublé non professionnel. Il est alors possible de déduire l'amortissement des loyers, comme expliqué plus haut. L'exploitation est assurée par un exploitant professionnel par le biais d'un bail commercial, ce qui permet de percevoir des loyers même en cas de vacance locative.

Attention cependant, la rédaction du bail commercial est importante et ce type de logement peut être difficile à revendre. De plus, la qualité de l'exploitant est gage de la réussite de l'investissement.

À retenir

S'il s'agit d'une résidence senior ou étudiante, l'amortissement n'est pas réintégrable dans la plus-value lors de la revente du logement. En revanche, s'il s'agit d'une résidence tourisme, l'amortissement doit être réintégré.

Les avantages liés à un bâtiment particulier

Les monuments historiques

L'achat d'un monument historique est un gouffre financier, mais il présente tout de même un avantage : le régime fiscal qui s'applique permet de déduire de vos revenus globaux les dépenses de restauration et d'entretien du bien classé ou inscrit monument historique, et ce, sans plafonnement, y compris si cela crée un déficit important. Les biens classés ou inscrits monuments historiques, les immeubles faisant partie du patrimoine national et ayant obtenu le label de la Fondation du patrimoine sont concernés par ces dispositions.

Pour bénéficier de ces avantages, il faut conserver le bien pendant 15 ans, ne pas le diviser en copropriété (sauf exception), obtenir l'accord de l'architecte des bâtiments de France pour tous les travaux et l'ouvrir au public si vous percevez des subventions pour la restauration du bien.

Contrairement au plafond autorisé en location nue pour le déficit foncier, fixé à 10 700 euros, il n'y a pas de limite au déficit foncier.

Exemple

Vous percevez des revenus professionnels annuels (salaires) d'un montant de 120 000 euros. Le bien vous rapporte 3 000 euros par an (grâce à l'ouverture au public). Vous réalisez des travaux à hauteur de 80 000 euros. Vos intérêts d'emprunt déductibles sont de 6 000 euros. Votre nouveau revenu imposable est donc :

120 000 euros – 83 000 euros = 37 000 euros

Si vous vous trouvez dans la tranche marginale d'imposition à 41 %, votre économie d'impôt est ainsi la suivante :

83 000 euros × 41 % = 34 030 euros

À retenir

Si votre monument historique n'est pas ouvert au public, il n'est pas possible de déduire des dépenses de vos revenus fonciers.

Le dispositif Malraux

Le dispositif Malraux consiste à acheter un immeuble ancien (mais qui n'est pas un monument historique) situé dans une zone protégée, comme un secteur sauvegardé, puis à réaliser des travaux encadrés par les architectes des bâtiments de France et le louer nu pendant 9 ans.

En contrepartie, l'État accorde une réduction d'impôt significative, calculée sur le montant des travaux éligibles. Elle est fixée à 30 % des dépenses pour les immeubles situés dans un quartier ancien dégradé, un quartier avec une concentration élevée d'habitats dégradés ou encore un quartier couvert par un plan de sauvegarde et de mise en valeur approuvé. Dans les autres cas, la réduction d'impôt est de 22 %. Les dépenses sont retenues dans la limite de 400 000 euros sur 4 ans. La fraction de la réduction d'impôt qui n'a pas pu être imputée sur votre impôt de l'année est reportée sur celui des 3 années suivantes.

En tant que propriétaire occupant

Peu de dispositifs permettent au propriétaire occupant de réduire son impôt. Si la taxe d'habitation a disparu (sauf pour les résidences secondaires), la taxe foncière, payée seulement par les propriétaires, est en constante augmentation – selon l'observatoire tenu par l'UNPI, elle a progressé de 26 % ces dix dernières années. L'impôt sur la fortune, devenu l'impôt sur la fortune immobilière en 2018, cible tout particulièrement l'immobilier. Il est cependant possible de le réduire. Rappelons que sont redevables à l'IFI les personnes dont le patrimoine immobilier net (hors emprunt) dépassait 1,3 million d'euros au 1er janvier 2024.

Effectuer des réclamations auprès de l'administration fiscale

Sur réclamation auprès du Centre des finances publiques (demandez le formulaire 14770 ou 2041-DPFT-SD) et sous réserve de respecter certaines conditions de revenus, vous pouvez bénéficier d'un dégrèvement de la taxe foncière due au titre de votre habitation principale, pour sa fraction dépassant 50 % de vos revenus. Pour ce faire, il ne faut pas avoir été soumis à l'impôt sur la fortune immobilière l'année précédente (en 2025 si l'on est en 2026) et le revenu fiscal de référence de l'année 2023 doit être inférieur à une somme fixée par l'article L1417 du Code général des impôts.

On peut être entièrement exonéré de taxe foncière si l'on est âgé de plus de 75 ans, titulaire de l'allocation adulte handicapé et si ses revenus sont équivalents à ceux prévus pour avoir droit au dégrèvement. Si vous possédez un logement inoccupé durant au moins 3 mois pour une raison indépendante de votre volonté, il est parfois possible d'obtenir un dégrèvement de taxe foncière en faisant la demande au Centre des finances publiques de la localité dans laquelle se situe votre bien.

À retenir

Les frais de gestion de la taxe foncière peuvent également être dégrevés, contrairement à la taxe d'enlèvement des ordures ménagères.

Bénéficier d'une exonération fiscale après des travaux

Si vous avez réalisé des travaux (construction nouvelle, reconstruction...), il est possible d'obtenir une exonération temporaire de la taxe foncière pendant 2 ans. Cela permet d'étaler un peu la dépense, qui n'est pas négligeable. Il faut demander cette exonération au centre des impôts au plus tard dans les 90 jours après l'achèvement des travaux. Enfin, en cas de difficultés financières, liées notamment au chômage ou à la maladie, il est possible de demander une remise gracieuse au centre des impôts. La remise peut porter sur la taxe foncière et sur la taxe d'habitation des résidences secondaires. Il faut envoyer un courrier sur papier libre accompagné des justificatifs. L'administration a deux mois pour vous répondre.

Astuce

Si vous avez réalisé des travaux d'économie d'énergie, l'agglomération dans laquelle vous résidez peut vous exonérer de taxe foncière pendant 3 ans. Il faut se renseigner à la mairie.

Réduire les droits de succession et l'IFI

En affectant son patrimoine à un usage professionnel

Pour réduire l'IFI de manière tout à fait légale, renseignez-vous sur la possibilité d'affecter votre patrimoine immobilier à un usage professionnel, puisque l'IFI ne s'applique pas au patrimoine utilisé à titre professionnel. Tous les biens immobiliers nécessaires pour votre profession indépendante, industrielle, commerciale, artisanale, agricole ou libérale sont exonérés. Des limites assez précises sont fixées par l'administration fiscale quant à l'activité exercée dans le local et son intensité. En effet, l'activité doit correspondre à l'exercice d'une réelle profession. Les locaux de la SCI doivent être occupés à titre constant et habituel et dans un but lucratif. L'appartenance à un organisme professionnel, ou encore l'existence d'une clientèle, ainsi que la preuve des revenus issus de cette activité doivent être fournies afin de bénéficier de l'exonération.

En achetant sous forme de SCI

La société civile immobilière permet de constituer et de gérer du patrimoine à plusieurs. Elle est constituée *a minima* de deux personnes, chacune ayant le statut d'associé. Mais le nombre de personnes peut bien sûr être plus élevé en fonction des besoins.

Les SCI sont souvent créées afin de gérer et de transmettre le patrimoine au sein d'une même famille, ainsi que de réduire les droits de succession, puisque des parts peuvent être transmises aux enfants, à hauteur de 100 000 euros par enfant tous les 15 ans. Acheter en SCI permet également de réduire l'IFI.

Rappelons que les associés d'une SCI qui possèdent un patrimoine immobilier important peuvent être assujettis à l'IFI. Chaque associé doit donc faire le point sur la valeur de ses parts qui, ajoutée à la valeur du reste de son patrimoine immobilier, ne doit pas dépasser le seuil. Le cas échéant, il doit déclarer les biens. Cependant, les biens professionnels étant exonérés de l'IFI, l'associé qui possède moins de 10 % du capital de la SCI et qui exerce son activité principale au sein de la SCI (article 965 du Code général des impôts) peut bénéficier d'une exonération.

En achetant en démembrement de propriété

En achetant un bien en démembrement, on peut diminuer à la fois l'IFI et les droits de succession. On divise un même bien immobilier en deux parties : la nue-propriété et l'usufruit. Quelqu'un achète la nue-propriété, tandis qu'un autre est usufruitier. Le démembrement prend fin au décès de l'usufruitier : le nu-propriétaire devient alors l'unique propriétaire, sans droit de succession à payer. Il peut dès lors occuper le logement ou le vendre. Ce modèle est souvent mis en place lorsque les parents vieillissent et sont dans l'incapacité de s'occuper de leur patrimoine immobilier. Son grand avantage est qu'il permet de limiter les frais de succession, puisque, lors de la succession, la valeur du bien est réduite, l'héritier (souvent le nu-propriétaire) étant déjà propriétaire du bien. Indépendamment de ce cas de figure, il est possible d'investir en démembrement. Quelques leaders de ce type d'investissement existent sur le marché, tels que Perl ou Inter-Invest Agarim. L'usufruitier est généralement un service public ou une entreprise, qui conserve l'usufruit afin de loger ses fonctionnaires ou ses employés durant une période longue de 15 à 20 ans. Au bout de cette période, les logements sont remis à neuf, comme cela est prévu dans la convention d'usufruit signée entre le nu-propriétaire et l'usufruitier. Le propriétaire récupère alors le bien en pleine propriété et peut choisir de l'occuper, de le louer ou de le revendre. C'est là encore une solution pour acheter moins cher un bien au prix élevé, puisque le tarif à l'achat est inférieur d'environ 40 %. Les droits démembrés sont indépendants l'un de l'autre, mais ni l'usufruitier ni le nu-propriétaire ne peuvent procéder à la vente du bien démembré. L'accord des deux est obligatoire pour céder la pleine propriété du bien.

Astuce

Lors de l'achat d'un bien immobilier, vous n'êtes pas taxé sur la plus-value en cas de revente et vous bénéficiez d'un abattement de 30 % au titre de la résidence principale, ce qui permet dans bien des cas d'échapper à l'IFI.

Comment en faire une stratégie gagnante ?

Ne pas surestimer l'avantage fiscal

Un avantage fiscal comporte toujours une contrepartie : les pouvoirs publics vous orientent vers un placement qu'ils souhaitent privilégier et qui varie selon les priorités du moment, comme le logement neuf ou le logement de ménages modestes. Ce type de placement peut être intéressant, mais à plusieurs conditions.

Tout d'abord, il faut bien faire ses calculs. En général, le système est prévu pour que cela ne coûte pas trop cher à l'État. Autrement dit, lorsqu'un dispositif fonctionne bien, l'État a tendance à l'arrêter, surtout dans une période compliquée au niveau budgétaire. Les dispositifs d'investissement locatif que sont les dispositifs Scellier, Duflot ou Pinel ont bien fonctionné, mais ils n'ont cessé d'être recentrés sur des secteurs moins intéressants pour le contribuable. Des détracteurs ont également estimé que ces dispositifs ont placé le logement neuf sous perfusion, sans que celui-ci ne cherche à trouver un équilibre. Dans ces conditions, vous risquez d'y laisser des plumes.

Votre logique doit donc être celle-ci : si un placement immobilier vous intéresse et complète vos autres biens, vous pouvez acheter. S'il existe un avantage fiscal à la clé, tant mieux, mais ses conditions et ses contraintes sont telles qu'il est parfois plus intéressant de ne pas prendre l'avantage fiscal et de réaliser l'opération seule. C'est notamment le cas lorsque vous louez à des personnes modestes et que vous optez pour l'avantage fiscal : vos loyers doivent alors être peu élevés. Toutefois, il peut être plus rentable de louer au prix du marché et de ne pas prendre l'avantage fiscal.

Ne jamais acheter un bien sans le visiter sous prétexte qu'il est intéressant fiscalement

Dans les années 2000, nombre d'investisseurs ont acheté des appartements sur plan, alléchés par la perspective de la défiscalisation. Confiants dans les promesses des promoteurs, certains n'ont même pas visité l'endroit où le projet devait se construire. Même chose pour les investissements locatifs dans l'ancien : des structures proposent des achats à distance avec les travaux clé en main.

Il faut proscrire ce type de pratiques, qui ressurgissent à intervalles réguliers, parfois portées par des structures peu fiables, voire des escrocs notoires. Il est indispensable de se rendre sur place, d'observer l'environnement, le quartier et de se renseigner sur le voisinage. D'une rue à l'autre, la valeur d'un logement peut varier fortement et le projet peut être intéressant ou pas du tout.

Dans les années 2000, à l'heure des dispositifs d'investissement locatif – Duflot, Pinel, etc. –, la moitié des logements neufs étaient vendus à des investisseurs. Attirés par la ristourne fiscale, nombre d'entre eux surpayaient le bien par rapport au marché local. Ces prix étaient élevés en raison, notamment, des sommes versées aux intermédiaires chargés de la commercialisation du programme. Une fois la période de défiscalisation terminée, l'opération n'était pas rentable et l'investisseur revendait au plus vite. Malheureusement, tous les appartements achetés avec le même régime étaient en vente au même moment, accentuant ainsi la baisse des prix. L'investisseur finissait par perdre de l'argent. Bien que les investisseurs échaudés aient depuis prévenu les autres et que les pouvoirs publics aient progressivement placé des garde-fous, il faut rester vigilant.

Se faire accompagner pour faire les bons choix en matière de fiscalité

La fiscalité est un domaine complexe, qui dépend de plusieurs facteurs : les revenus du contribuable, son régime matrimonial ou son patrimoine. Il faut donc être conseillé par un spécialiste pour être certain de faire les bons choix.

Plusieurs professionnels peuvent vous aider :

» **Un conseiller en gestion de patrimoine (CGP) : ce conseiller est un généraliste et peut vous proposer différents placements, notamment immobiliers, voire des montages sur mesure. Ils sont davantage adaptés** à une clientèle aisée et il faut toujours garder son esprit critique et bien s'assurer de ce qu'il vous vend. S'il vous propose quelque chose qui ne vous semble pas clair, restez prudent. Vous pouvez vous renseigner auprès de la Chambre nationale des conseils en gestion de patrimoine sur le site cncgp.fr.

» Un expert-comptable : l'expert-comptable a une bonne connaissance des règles fiscales et des régimes immobiliers. Il peut faire des simulations et déterminer le régime le plus adapté en fonction de vos revenus. Il peut également vous aider à déclarer vos impôts fonciers ou à déduire de l'amortissement. Si vous souhaitez optimiser vos revenus fonciers, gérer un meublé ou une SCI, il peut vous être utile. Vous pouvez trouver un expert-comptable sur le site experts-comptables.fr.

» Un notaire : le notaire est un spécialiste du droit patrimonial et des transmissions, qu'il s'agisse de successions, de donations, de démembrements. Il peut vous aider à sécuriser vos opérations de défiscalisation. En revanche, il ne vous proposera pas de placement spécifique, là n'est pas son rôle. Il est obligatoire de passer devant un notaire pour finaliser un achat, une transmission. Vous pouvez trouver un professionnel sur le site notaire.fr.

Astuce

Il est plus prudent d'éviter les structures qui proposent de l'investissement immobilier clé en main, sauf si vous contrôlez tout le processus. De plus, un avocat fiscaliste pourra être nécessaire pour les montages complexes, les gros patrimoines et les expropriations.

Partie 4

Acheter pour le plaisir

Dans cette partie

L'immobilier ne se résume pas à un placement sécuritaire ou à une stratégie patrimoniale. Il peut aussi naître d'une passion – pour les vieilles pierres, l'histoire, la nature ou l'art de vivre. Acquérir un château chargé d'histoire, un vignoble, une forêt ou une maison de caractère dans une région de cœur, c'est parfois l'expression d'un rêve autant que d'un investissement. Le projet immobilier revêt alors une dimension affective, presque artistique ou culturelle.

Aujourd'hui, de plus en plus de Français choisissent d'acheter un bien pour y passer leurs vacances, télétravailler quelques mois par an ou simplement changer de cadre de vie. Mer, montagne, campagne : un appartement avec vue ou une maison au calme peut devenir un refuge personnel tout en conservant une dimension patrimoniale.

C'est là que l'immobilier permet d'allier plaisir et sécurité : travailler les pieds dans l'eau ou face aux sommets… tout en investissant dans la pierre.

Mais attention, la passion ne doit pas faire perdre de vue la réalité. Restaurer un château ou entretenir une maison secondaire, par exemple, peut représenter des coûts importants en temps et en argent. Un projet « coup de cœur » mal évalué peut vite se transformer en un poids financier.

Cette partie vous guide à travers les différentes possibilités d'achat plaisir, tout en vous alertant sur les précautions essentielles à prendre pour faire de votre passion un projet pérenne.

Stratégie #9

Acheter pour télétravailler ou passer des vacances

Beaucoup d'entre nous rêvent d'acheter un bien immobilier dans un lieu qui nous inspire, pour y vivre et y télétravailler. C'est souvent l'occasion de quitter une grande ville pour s'installer dans un environnement moins dense, plus abordable et, parfois, plus agréable à vivre.

Ce choix permet de se constituer un patrimoine immobilier, ce qui reste difficilement accessible dans les grandes agglomérations. Il offre aussi la possibilité d'aménager un espace de travail sur mesure, adapté à ses besoins.

Ce bien immobilier n'a d'ailleurs pas forcément vocation à devenir votre résidence principale. Il peut tout aussi bien s'agir d'une résidence secondaire, dans laquelle vous pourrez télétravailler ponctuellement. Mieux encore : il est parfois possible de rentabiliser ce bien en le proposant à la location durant vos absences.

Cependant, avant de se lancer, il est essentiel de rester pragmatique. Chaque option comporte ses avantages et ses inconvénients et chaque décision doit être mûrement réfléchie, en tenant compte de ses implications financières.

En quoi est-ce une stratégie gagnante ?

L'occasion de devenir propriétaire et de se constituer un patrimoine

En télétravaillant, vous n'êtes pas obligé de vivre juste à côté de votre travail. Si le siège social de votre entreprise est situé dans un grand centre urbain, il est possible de vous en éloigner et de vivre au quotidien dans la ville de votre choix, à la campagne ou en bord de mer.

Le développement du télétravail à la suite de la pandémie du covid a modifié notre perception du domicile, voire modifié nos achats immobiliers, ce dont témoignent les agents immobiliers et les notaires. Bon nombre de villes ont vu arriver des familles de Parisiens, de Lyonnais ou originaires d'autres grandes villes déménager, acheter un nouveau logement et s'y installer. Les raisons avancées sont diverses : fuir la promiscuité des grandes villes, se rapprocher de la famille ou encore offrir une chambre à chacun de ses enfants. Les agents immobiliers notent également le souhait d'un espace extérieur, qu'il s'agisse d'une terrasse ou d'un jardin – un souhait qui a perduré encore quelques années après la pandémie.

Le télétravail permet d'acquérir un bien et de se constituer un patrimoine, ce qui n'est pas toujours possible dans une grande ville, en raison des prix élevés qui s'y pratiquent. Sans quitter un grand centre urbain, il est possible d'acheter dans un quartier un peu éloigné du centre-ville, où la qualité de vie est meilleure et où les tarifs sont moins élevés.

Ce logement, s'il est bien choisi, pourra ensuite être revendu, loué, voire transformé en résidence secondaire et, plus tard, en résidence principale pour la retraite. Il est un « toit sur la tête », une épargne forcée, puisque chaque mois, vous êtes obligé de mettre de côté de façon à rembourser votre crédit immobilier. De plus, vous bénéficiez d'un avantage commun à tous les projets immobiliers : vous démarrez sans les fonds et vous utilisez le levier du crédit pour constituer votre patrimoine.

Où en est-on du télétravail ?

Le télétravail, si rare il y a encore quelques années, s'est largement diffusé au point d'être devenu un fait de société. La pandémie du covid l'a imposé pour éviter les contaminations sur les lieux de travail et dans les transports. Mais est-il toujours d'actualité ?

Qu'entend-on par télétravail ? L'article L1222-9 du Code du travail définit le télétravail comme une forme d'organisation dans laquelle une activité, qui aurait pu être réalisée dans les locaux de l'employeur, est effectuée hors de ces locaux de façon volontaire, en utilisant les technologies de l'information et de la communication. Sauf exception, il s'agit d'un travail régulier ou occasionnel effectué à distance, souvent à domicile. Le télétravail doit être volontaire (accepté par l'employeur et le salarié) et implique l'usage d'outils numériques (un ordinateur, une connexion Internet, une messagerie, etc.). Il peut être formalisé dans le contrat de travail, dans un accord collectif ou par simple accord entre les parties.

Le télétravail est le plus souvent effectué à domicile. Selon Statista (une plateforme mettant en ligne des données économiques), en 2023, la part des employés qui télétravaillaient habituellement était de 10,8 % (contre 6,6 % en 2018). Le télétravail est à la fois plus répandu et s'effectue plus souvent à domicile, et non dans des espaces de travail communs appelés *coworking*, comme on en trouve dans les grandes villes, par exemple.

Le télétravail est-il toujours d'actualité ? Certaines entreprises ont demandé à leurs collaborateurs de revenir dans les locaux, notamment celles qui acceptaient un télétravail total. Les accords d'entreprise prévoient généralement une ou deux journées de télétravail par semaine. Le ministère du Travail indique que parmi les salariés qui ne télétravaillent pas, plus d'un sur dix juge cependant son poste ouvert au télétravail et souhaite adopter cette pratique. Comparativement aux salariés qui télétravaillent déjà, ce vivier potentiel de télétravailleurs comprend une plus grande proportion de professions intermédiaires et d'employés, d'agents de la fonction publique et de personnes en contrat à durée limitée. Il est aussi plus féminisé, plus jeune et moins diplômé.

Se créer un espace de travail confortable

Avoir un bureau au calme, sans open space rendant la concentration impossible, pouvoir prendre son déjeuner sur sa terrasse ou dans son jardin plutôt qu'à la cantine : tout cela est possible en télétravail. C'est d'autant plus facile lorsque l'on achète un logement, puisqu'on peut le choisir et l'aménager comme on le souhaite. Lors de visites en vue de l'achat d'un logement, l'une des questions à se poser est de savoir si on peut y télétravailler.

Quelle est la marche à suivre ?

» **Vérifier la localisation du bien :** même si l'on peut travailler à distance, il est important de pouvoir rejoindre facilement son entreprise ou son administration pour des réunions, voire simplement pour rencontrer ses collègues de travail quand cela s'avère nécessaire. Le trajet ne doit donc pas être semé d'embûches ou trop long. S'installer dans un rayon d'une à deux heures de train de votre résidence principale (et lieu de travail) peut être intéressant. Depuis Paris, par exemple, avec le TGV, cela aboutit à un nombre de villes considérable. Nantes, Reims, Nancy, Le Mans, Angers ou Valence sont possibles. Sans le TGV, le Val de Loire ou la Touraine sont joignables en moins de deux heures depuis la capitale. Lyon, les Alpes ou la côte méditerranéenne sont également à portée de main.

» **Vérifier la connexion Internet :** un impératif pour télétravailler est de disposer d'une connexion Internet fiable. Avant d'acheter, surtout si le bien se trouve en pleine campagne, il est indispensable de s'assurer que le réseau Internet est de bonne qualité. Vous pouvez consulter le site ariase.com et vérifier la qualité de la connexion d'un logement en fonction de son adresse. Sur place, vous pouvez aussi passer un test rapide de la connexion sur le site de l'association de consommateurs UFC-Que Choisir (renseigner « *speed test* » dans la zone de recherche).

» **Choisir un bien avec un bureau séparé :** pour télétravailler, il faut plus d'espace et disposer d'une pièce séparée appelée à devenir un bureau. Il vous permet d'être au calme pour travailler, mais aussi de bien distinguer vie personnelle et vie professionnelle en fermant la porte le soir. Pendant la pandémie de 2020 et de 2021, certains ont vécu un cauchemar en travaillant sur la table de la cuisine dans un studio ou un deux-pièces. Acheter un logement plus grand nécessite toutefois des moyens. Cet objectif n'est pas toujours accessible dans une grande ville, dans laquelle il faut dépenser entre 5 000 et 10 000 euros en moyenne pour un seul m² (c'est le cas de Paris). En amont de vos recherches, il peut être intéressant de regarder le prix du m² moyen sur les différents sites d'estimation, tels que SeLoger, Meilleurs Agents ou encore Efficity. Et ce, de façon à estimer le coût théorique d'une pièce supplémentaire. Dans certains cas, il est possible de modifier un peu le plan de l'appartement ou de la maison (par exemple, diviser un double séjour).

» **Transformer son bureau en espace de travail agréable :** il ne faut pas dédaigner l'ergonomie et privilégier une chaise de bureau réglable, des claviers et une souris externes, afin d'éviter les mauvaises postures.

Astuce

L'éclairage doit être soigné. Préférez un éclairage naturel et, idéalement, placez l'écran perpendiculairement à la fenêtre afin d'éviter fatigue oculaire et reflets sur l'écran.

Le rangement doit être optimisé pour garder un espace de travail dégagé. Les étagères, tiroirs et boîtes doivent être rangés de façon à retrouver les documents essentiels. Il faut prévoir un casque ou des écouteurs de bonne qualité pour les visioconférences. Ces dernières nécessitent des connexions Internet stables et fiables. Il faut également prévoir des multiprises et des rangements. Les spécialistes conseillent d'ajouter une jolie plante verte ou un bouquet de fleurs, qui aident à travailler. Enfin, il ne faut pas oublier de faire des pauses actives : par exemple, des étirements toutes les heures et demie, un café ou un thé.

Travailler tout en ayant l'impression d'être en vacances

Est-il possible de télétravailler tout en ayant l'impression d'être en vacances ? Oui, en alliant télétravail et résidence secondaire. Avec le développement du télétravail, vous pouvez passer quelques jours au vert ou au soleil tout en avançant sur vos dossiers. Dans ce cas, vous achetez non pas une résidence principale mais une résidence secondaire, dans laquelle vous travaillez, par exemple, chaque vendredi ou une semaine par mois. En sachant que la résidence secondaire peut uniquement être réservée pour les vacances !

En fonction de l'endroit où vous résidez habituellement et de vos moyens de locomotion, il faut choisir astucieusement votre résidence secondaire. À quoi faut-il penser ?

» La périodicité d'utilisation : passerez-vous chaque fin de semaine dans votre résidence secondaire ? Si oui, cela implique de choisir une maison à moins de deux heures de l'endroit où vous résidez habituellement, de façon à ne pas avoir de trajet trop important. Si, à l'inverse, vous comptez passer une semaine en télétravail, de manière plus occasionnelle, vous pouvez choisir une destination plus lointaine.

» Les modes de transport pour y accéder : si vous souhaitez vous y rendre en voiture, vérifiez les autoroutes à proximité. Si vous préférez le train, optez pour une gare TGV peu éloignée. Rappelons que le TGV permet de parcourir des distances considérables en peu de temps. Depuis Paris, on est à trois heures environ de la Bretagne et à un peu plus de trois heures de Marseille. Lorsque l'on parle de train, la question du budget se pose rapidement. En effet, si les trajets en TER, même pour des distances assez éloignées, peuvent être d'un coût relativement modeste, ce n'est pas le cas des TGV, notamment si vous voyagez avec toute votre famille. Il faut donc prendre en compte à la fois le budget et la facilité d'accès.

» Les commodités : des commerces, des transports en commun, un cinéma ou une bibliothèque peuvent agrémenter votre séjour. De même, vérifiez la présence d'un hôpital ou de cabinets médicaux facilement accessibles, d'autant plus si vous avez des problèmes de santé.

Acheter à l'étranger

On peut acheter un appartement ou une maison pour télétravailler depuis l'étranger. Le logement peut constituer votre résidence principale ou être utilisé seulement ponctuellement. L'Espagne, l'Italie, le Portugal, la Grèce ou le Maroc sont des destinations phares pour le télétravail. Le coût de la vie y reste un peu moins élevé qu'en France et l'immobilier est généralement plus accessible. Si l'on a des racines sur place, cela peut être un bon moyen de les retrouver.

Si vous restez plus de 6 mois par an dans un pays étranger, vous n'êtes plus résident fiscal en France, ce qui peut modifier votre imposition, vos prélèvements sociaux ainsi que vos droits à la retraite. Il est donc important de l'intégrer dans votre projet.

En achetant à l'étranger, vous n'êtes plus soumis au droit immobilier français, ce qui implique d'être bien conseillé si l'on ne dispose pas d'attaches fiables sur place. Les règles d'achat sont généralement moins encadrées qu'en France : les dossiers de diagnostics techniques, qui communiquent des informations sur l'état du bien et le cadastre tel qu'on le connaît ici, n'existent pas toujours. Acheter nécessite un agent immobilier sérieux, parfois des avocats ou des experts en immobilier qui valident à la fois le prix du bien par rapport au marché, son état ainsi que les titres de propriété. On peut s'appuyer sur quelques agences françaises ayant développé des réseaux à l'étranger, comme IAD, ou bien des agences haut de gamme, telles que comme Barnes, Sotheby's International Realty, Junot. Ces dernières ont l'habitude de gérer les achats internationaux pour leur clientèle. Même si votre budget est moins élevé que les biens qu'elles possèdent en portefeuille, elles peuvent néanmoins vous aider.

»

»

Enfin, dans la majorité des cas, acheter à l'étranger nécessite de disposer des fonds, car les banques, notamment les banques françaises, ne prêtent pas volontiers aux expatriés, pour des raisons de risques encourus en cas de défaillance du paiement du crédit.

Rentabiliser sa résidence secondaire

Une résidence secondaire coûte cher, même très cher. En effet, le privilège de pouvoir s'évader facilement, même au dernier moment, sans devoir réserver au préalable a un prix !

Outre le budget lié à l'achat et les frais annexes, tels que les frais de notaire, les frais de dossier et le coût du crédit si vous souscrivez un emprunt bancaire, la fiscalité locale peut être lourde. En plus de la taxe foncière, il faut se souvenir que la taxe d'habitation n'a pas été supprimée pour les résidences secondaires.

Si votre résidence secondaire est un appartement en bord de mer ou à la montagne, il faut payer des charges de copropriété, qui peuvent représenter plusieurs centaines d'euros chaque trimestre. Le logement doit également être assuré, ce qui nécessite le paiement de la prime d'assurance, qui varie en fonction de la nature du bien.

Enfin, le coût de l'entretien n'est pas négligeable. Les professionnels conseillent de consacrer environ 1 % de la valeur du bien par an pour l'entretien – une somme importante lorsque la valeur de la maison ou de l'appartement est élevée. Bien sûr, rien n'oblige à entretenir le logement, mais s'il n'est pas fait, la valeur du bien se dégrade. Certains biens requièrent un jardinier, voire un gardiennage. Au total, il n'est pas rare d'arriver à un budget dépassant les 10 000 euros par an.

Cependant, il est une bonne nouvelle : il vous est possible de louer votre résidence secondaire de temps en temps, de façon à alléger un peu la facture. Les sommes récoltées pour une location sont parfois élevées, notamment en zone touristique, et peuvent permettre de payer des travaux. Les plateformes de location comme Airbnb, Abritel, Leboncoin ou Gens de confiance permettent de mettre facilement le bien en location.

Astuce

Lorsque votre résidence secondaire est louée, vous ne pouvez bien sûr pas vous y rendre. Il faut donc accepter de décaler vos vacances en dehors des moments où vous avez des locataires, généralement en été.

À quel tarif louer ?

Les tarifs varient fortement en fonction de la localisation de la commune. Ce n'est pas la même chose d'être propriétaire d'une maison au fin fond de l'Auvergne ou du Limousin (que ces derniers nous excusent) que posséder un appartement à Biarritz. Une étude du site d'annonces SeLoger donne les principaux tarifs des locations de vacances. L'étude date de 2019 et n'a pas été rééditée depuis, mais les tarifs restent globalement d'actualité.

Tableau 9-1

Les principaux tarifs des locations de vacances

Localisation	Prix hebdomadaire d'une location en haute saison	Prix hebdomadaire d'une location en très haute saison
Corse	1 630 euros	1 835 euros
Côte méditerranéenne	1 465 euros	1 535 euros
Campagne	1 020 euros	1 052 euros
Côte atlantique	988 euros	1 048 euros
Bretagne Nord	821 euros	829 euros
Alpes	992 euros	975 euros
Pyrénées	644 euros	600 euros

Source : SeLoger (2019).

La haute saison démarre le 13 juillet et se termine fin juillet, tandis que la très haute saison court du 10 au 20 août environ. Pour un chalet en montagne, la haute saison se déroule de fin décembre à mi-mars.

Ces tarifs sont, bien sûr, très variables en fonction des prestations. Les locations haut de gamme dans des espaces particulièrement recherchés, comme la Côte d'Azur, le Pays basque, qui proposent des piscines, des vues mer ou des services, tel un chef à domicile, se louent plusieurs dizaines de milliers d'euros à la semaine. À l'inverse, une maison modeste dans un secteur peu prisé se louera moins de 300 euros la semaine.

Si vous avez l'intention de louer votre maison de vacances, il peut être intéressant de choisir un emplacement en fonction de la somme que vous pouvez en obtenir. Attention, à l'achat, les maisons et appartements de vacances bien situés et qui se louent cher sont également onéreux : ils ne conviennent donc pas à toutes les bourses.

Comment en faire une stratégie gagnante ?

Ne pas sous-estimer les difficultés liées au télétravail

L'isolement

Télétravailler dans sa maison fait rêver, mais ce n'est pas toujours l'idéal. On peut tout d'abord se sentir isolé et déprimer. Pour éviter ce type de situation, il est possible d'alterner télétravail à son domicile et location d'un espace de coworking, c'est-à-dire un espace généralement convivial, avec des bureaux que l'on peut louer à la journée ou à la demi-journée (comptez entre 15 et 30 euros par jour). L'intérêt est d'y trouver à la fois du matériel nécessaire au travail (une connexion wifi, une imprimante de meilleure qualité, une présence sociale, une ambiance de travail), mais aussi de faire de nouvelles rencontres. Vous pouvez vous recréer un cadre social en dehors de votre travail en vous inscrivant à des activités régulières – de la peinture, du sport ou une chorale. Les réseaux sociaux regorgent d'informations sur les groupes et activités locaux.

Astuce

Les espaces de coworking sont souvent réservés aux grandes villes ou aux villes moyennes. Dans les villes de plus petite taille, on peut s'appuyer sur des médiathèques, qui disposent souvent d'un espace de travail.

Les contraintes de l'environnement immédiat

Il est très différent de travailler toute la journée chez soi, plutôt que d'y rentrer seulement le soir. De même, il est particulier de passer constamment son temps dans en endroit qui fait office de domicile et de bureau. Si votre voisin effectue des travaux, si des chiens aboient, etc., les nuisances peuvent devenir difficiles à supporter. À l'inverse, un environnement trop calme peut être oppressant.

Le coût

Télétravailler a un coût, qui n'est pas toujours compensé par l'employeur. Certes, les coûts de transport peuvent être moins importants que lorsqu'il faut se déplacer avec sa voiture chaque jour pour aller travailler. Mais il faut chauffer le logement en hiver et acheter soi-même le matériel requis pour exercer votre activité, car il vous appartient généralement. Une chaise de bureau ergonomique coûte entre 100 et 600 euros, un ordinateur dépasse généralement les 800 euros, sans compter l'imprimante, les cartouches d'encre et la connexion Internet. Avant de se lancer dans la recherche d'un logement pour télétravailler, il est donc important de prendre en compte ces éléments.

Êtes-vous bien assuré pour télétravailler ?

Si vous télétravaillez à votre domicile, pensez à vérifier avec votre assurance quelles sont vos garanties.

Tout d'abord, les imprimantes, le chauffage, l'éclairage peuvent, s'ils ne sont pas vérifiés, présenter des risques de surchauffe et d'incendie, car ils sont davantage sollicités par le télétravail. Pris par nos activités, nous pouvons aussi oublier de fermer un robinet et provoquer un dégât des eaux. Direct Assurance, qui a mené une étude en 2025 sur le sujet, a enregistré une augmentation de 18 % des déclarations de sinistres concernant des dégâts des eaux mineurs entre 2021 et 2023.

En revanche, télétravailler influe sur les cambriolages : la présence à domicile fait baisser de 5 % les vols en journée, selon le ministère de l'Intérieur.

Par ailleurs, Direct Assurance rappelle que la garantie responsabilité civile de votre contrat assurance habitation couvre uniquement les dommages causés aux personnes dans le cadre de la vie privée. Elle ne joue donc pas automatiquement en cas d'incident lié à une activité professionnelle, si, par exemple, un client ou un prestataire se blesse chez vous. Dans certains cas, il faut un ajustement du contrat.

L'équipement remis par votre employeur (un ordinateur, un écran...) pour télétravailler est très rarement couvert par votre contrat habitation multirisque. Il est donc important de voir comment l'employeur anticipe ce risque.

En principe, il est tenu de souscrire une assurance pour couvrir les risques de vol d'ordinateur, de piratage de données sensibles, d'un incendie dévastateur du matériel fourni ou des documents professionnels.

»

»

Si vous êtes indépendant ou free-lance, il est recommandé de souscrire une garantie « contenu professionnel à domicile ». Transformer une pièce en bureau peut modifier l'usage du logement, qui devient mixte (professionnel et personnel). Cette évolution, qui peut nécessiter un ajustement du contrat, est à signaler à votre assureur.

S'assurer de pouvoir louer sa résidence secondaire

Ces dernières années, les règles en matière de location saisonnière ont été durcies et il n'est pas certain que vous puissiez louer votre résidence secondaire à des touristes. Il faut donc impérativement se renseigner. De plus, même si, au moment de l'achat, il est possible de la louer en location touristique, il n'est pas certain que cela perdure, car cette décision relève de la collectivité locale. Par un vote en conseil municipal, la ville peut changer les règles.

Rappelons qu'il est obligatoire de déclarer le meublé de tourisme en mairie dans certaines grandes communes, comme Annecy, Aix-en-Provence, Marseille, Biarritz, Bordeaux, Cannes, Lyon, Nice, Paris, Strasbourg, Toulouse ou Tours. Il est tout d'abord nécessaire d'obtenir l'autorisation de changement d'usage, car le logement change de statut et devient un local commercial. Pour ce faire, les villes exigent généralement que vous proposiez un autre logement à la location longue durée, ce qui est évidemment très difficile. Si vous obtenez l'autorisation, vous devez ensuite déclarer votre meublé de tourisme en mairie.

Dans ces communes, vous pourrez en revanche continuer de louer votre résidence principale au maximum 120 jours (ou 90 jours en fonction de la politique de la ville). Au-delà de cette durée, le logement n'est plus considéré comme une résidence principale. Dans tous les cas, il faut enregistrer son meublé de tourisme en mairie – une plateforme nationale pour l'enregistrement devrait se mettre en place à l'avenir.

Dans toutes les autres communes, il suffit de procéder à une déclaration et d'enregistrer son meublé de tourisme.

Renseignez-vous bien en amont, car les amendes sont importantes en cas de location en meublé touristique sans autorisation. Des amendes très élevées, courant jusqu'à 100 000 euros, ont été appliquées par la justice contre des personnes ayant loué un logement en meublé de tourisme sans autorisation préalable.

Un peu de technique

Lorsque le logement fait partie d'une copropriété, vous devez vérifier que le règlement de copropriété ne comprend pas de clause d'habitation exclusivement bourgeoise. La présence de cette clause interdit toute activité professionnelle, notamment le meublé de tourisme.

Qu'est-ce qu'un meublé de tourisme ?

Il s'agit d'un hébergement individuel meublé et proposé à la location, de type villa, appartement ou studio. Il doit notamment comporter des meubles, de la literie, une gazinière ou des plaques chauffantes, un réfrigérateur et des ustensiles de cuisine.

L'hôte de passage doit avoir l'usage exclusif du logement loué. Il ne doit pas s'agir de son domicile et il doit y résider seulement pour une courte durée (une location à la journée, à la semaine ou au mois). Vous ne pouvez pas louer votre logement à un même client plus de 90 jours consécutifs par année civile.

Ne pas surestimer la rentabilité de la location de sa résidence secondaire

Louer sa résidence secondaire permet, certes, de dégager des revenus, mais il ne faut pas surestimer ces derniers. En effet, en face des revenus, il faut compter les coûts liés à la location de l'été.

Les coûts liés à la location

Ces derniers sont d'abord liés à la diffusion de l'annonce sur les plateformes, qui prennent des commissions de l'ordre de 8 à 15 % du montant de la location. Si vous louez votre logement 1 000 euros la semaine, la plateforme récupère ainsi 150 euros et vous ne toucherez que 850 euros.

Par ailleurs, louer à la semaine nécessite de l'intendance : le ménage, l'état des lieux d'entrée et de sortie, le blanchissage. Tout cela implique d'être sur place ou à proximité et d'effectuer le travail soi-même, mais cela demande du temps. Une autre possibilité est de confier la tâche à quelqu'un d'autre, mais il faut alors compter entre 20 à 30 % du montant des loyers perçus pour ce travail. Autrement dit, une conciergerie prend 200 à 300 euros sur un loyer de 1 000 euros.

L'imposition

Les revenus locatifs s'ajoutent à vos autres ressources et sont imposés, ce qui diminue la rentabilité du bien. Ces dernières années, les pouvoirs publics ont essayé de limiter les avantages fiscaux liés à ce type de location, afin que les propriétaires s'orientent vers la location longue durée et ainsi diminuer les tensions locatives.

Rappelons qu'en matière d'imposition, les revenus issus de la location d'un meublé de tourisme entrent dans la catégorie des bénéfices industriels et commerciaux, non celle des revenus fonciers.

À retenir

Inutile de tricher : lorsqu'on loue un meublé de tourisme par l'intermédiaire de plateformes en ligne, les revenus réalisés doivent être déclarés dès le premier euro. Les plateformes, quant à elles, déclarent aux services fiscaux le montant annuel des revenus perçus ainsi que le nombre de transactions passées par leurs utilisateurs les années précédentes.

Des choix à faire pour l'imposition

Le contribuable a deux solutions : un régime simplifié, dit micro-BIC, et le régime réel. Le régime micro-BIC permet de bénéficier d'un abattement automatique intéressant, mais il ne permet pas de déduction supplémentaire, alors que le régime réel permet de déduire des dépenses liées au logement loué. Tout l'intérêt consiste à calculer si les frais déductibles sont assez importants pour passer au régime réel ; par exemple, si des charges ou des frais de réparation du logement sont plus élevés que l'abattement.

À partir de 2026, à la suite de la loi Le Meur du 19 novembre 2024, le plafond d'application du régime micro-BIC sera de 15 000 euros au maximum pour les propriétaires bailleurs d'un logement non classé meublé de tourisme ou chambre d'hôtes. Au-delà de ce seuil, il faut passer au régime réel, ce qui est un peu plus complexe. De plus, la loi réduit l'abattement forfaitaire pour charges à 30 %, contre 50 % précédemment, qui permettait de n'être imposé que sur la moitié des revenus. Quant aux propriétaires bailleurs d'un logement classé, l'abattement, autrefois de 70 %, sera désormais de 50 %. Le tour de vis est important, puisque l'assiette fiscale de l'impôt sera beaucoup plus large.

Par ailleurs, le régime de loueur en meublé non professionnel, qui concerne la majorité des propriétaires de locations saisonnières, permettait, jusqu'à présent, aux propriétaires de déduire de leurs revenus locatifs une somme au titre de l'amortissement du bien. Lors de la revente du bien, ces amortissements n'étaient pas pris en compte dans le calcul de la plus-value imposable, offrant un avantage fiscal notable. Depuis le 1er janvier 2025, cette disposition a évolué : les amortissements pratiqués sont désormais réintégrés dans le calcul de la plus-value lors de la cession du bien, augmentant ainsi la base imposable et, par conséquent, l'impôt dû. À noter que ce dispositif a un effet rétroactif et s'adresse donc aussi aux propriétaires qui ont déjà investi.

Stratégie #10

Acheter pour le plaisir ou pour assouvir une passion

Acheter un bien immobilier peut être une source de grande satisfaction, voire un achat passion bien différent de l'achat d'un appartement familial pour y loger avec ses enfants ou d'un studio destiné à la location dans une grande ville. Parfois, c'est une envie de changement de vie, de rupture avec le quotidien, qui pousse à investir dans un bien atypique. Cela peut être l'amour des vieilles pierres, l'attrait des lieux insolites ou encore une passion pour les voyages. Dans ce type de projet, l'immobilier devient bien plus qu'un simple investissement : il incarne un mode de vie, un rêve personnel. Mais attention, l'achat d'un bien atypique peut s'avérer un placement risqué. Il est donc essentiel de bien évaluer son projet, de clarifier ses objectifs dès le départ et de prendre toutes les précautions nécessaires.

En quoi est-ce une stratégie gagnante ?

Comme on le dit parfois, « on n'a qu'une seule vie »

On peut avoir envie de faire un tour du monde à moto, à pied ou d'entamer une collection, tout comme on peut vouloir rénover une vieille maison pierre après pierre ou vivre dans un château. Puisque nous n'avons qu'une seule vie, selon la locution populaire, pourquoi ne pas céder à sa passion ? Dans le cas de l'immobilier, la particularité est qu'il s'agit d'une démarche complexe, qui nécessite des sommes généralement très importantes et qui s'inscrit dans la durée. Autant de raisons de se pencher sur ce type d'investissement de façon plus approfondie.

Céder à sa passion en matière d'immobilier peut être considéré comme déraisonnable, parfois à juste titre, parce que cela implique un investissement financier et une dépense en énergie importants. Les passionnés répondront que, certes, tout placement est risqué, mais qu'il peut réserver un résultat surprenant. En 1910, lorsque Alfred Courmes, un homme d'affaires parisien, achète ce qui deviendra le domaine du Rayol dans le Var pour satisfaire son amour du jardinage, il était bien loin de se douter que le littoral varois allait devenir l'un des endroits les plus recherchés en Europe. Même chose pour les premiers acheteurs dans le petit port de pêche de Saint-Tropez, ou encore les passionnés de sports d'hiver qui ont investi dans un chalet ou acheté des terrains dans les Alpes dans les années 1950. Ce qui était au départ un achat pour assouvir une passion a finalement fait la richesse d'une famille.

Les possibilités sont très variées

Le choix en matière d'immobilier est vaste pour assouvir sa passion.

Pour les amateurs de vieilles pierres : un château ou une ancienne maison à restaurer

Les amateurs de vieilles pierres se tourneront vers l'achat d'une maison ancienne, à restaurer soi-même ou à faire restaurer, ou encore d'un château chargé d'histoire. Concernant les châteaux, il en existe de toutes sortes, depuis les châteaux du Moyen Âge et les folies du XVIIIe siècle jusqu'aux châteaux du XIXe siècle. Le ministère de la Culture recense 45 000 immeubles classés ou inscrits au titre des monuments historiques, dont une bonne partie de châteaux. En réalité, il est très difficile d'estimer le nombre de châteaux en France, puisque tous ne sont pas classés ou inscrits au titre des monuments historiques. Dans certains villages, une grande maison portera l'appellation de château, bien qu'elle ne soit pas dotée de tours ou d'un parc. Le site d'annonces SeLoger dénombre près de 800 biens immobiliers considérés comme des châteaux actuellement à la vente. Quant aux vieilles maisons avec du cachet à restaurer, il en existe beaucoup et de tout style.

À retenir

On peut vérifier si le château ou la maison ancienne que l'on convoite se trouve sur la liste des monuments historiques sur la base de données Mérimée du ministère de la Culture, disponible sur le site service-public.fr.

Un château pour moins de 100 000 euros !

Nul besoin d'être multimillionnaire pour acquérir un château. Certains coûtent moins de 100 000 euros, notamment ceux en mauvais état ou ceux qui ne sont pas vendus avec des terres. Si le plaisir consiste simplement à planter sa toile de tente au pied d'un château en ruine sans intention de l'habiter, l'opération n'est pas nécessairement onéreuse. Dans certains lieux, une habitation plus modeste est présente au pied du château et peut servir d'habitation. En revanche, les demeures luxueuses, qui offrent notamment une piscine et tout le confort moderne, peuvent se vendre jusqu'à plusieurs millions d'euros. La localisation importe beaucoup : un château en bon état proche d'une grande ville peut coûter beaucoup plus cher et atteindre plusieurs millions d'euros.

Gare aux travaux !

De plus, lorsque les châteaux sont vendus à un prix abordable, les travaux sont en général très dispendieux et, dans ce cas, on peut dépasser les limites du raisonnable lorsque l'on n'est pas un multimillionnaire. Certains agents immobiliers spécialisés ont coutume de dire : « Les deux plus beaux jours de la vie de mes clients sont celui où ils ont acheté leur château et le jour où ils l'ont vendu. » Les spécialistes conseillent de prévoir entre 1 et 1,5 % de la valeur du château chaque année pour les frais d'entretien. Pour un achat d'un million d'euros, cela représente une somme de 10 000 à 15 000 euros par an. L'entretien du jardin ou du parc, mais aussi le chauffage en hiver des vastes pièces ou tout simplement la taxe foncière sont des éléments à prendre en compte dans le calcul. Si l'on n'y réside pas tout le temps, il faudra peut-être prévoir un gardien. Dans ce cas, le budget peut courir jusqu'à 50 000 euros à l'année. Cet entretien régulier ne comprend pas les travaux de restauration, qui peuvent se compter en centaines de milliers d'euros, notamment lorsqu'il faut refaire la toiture ou changer les fenêtres. Il faut bien avoir à l'esprit que tous ces éléments sont sur mesure et généralement de grande taille. Lorsqu'il s'agit d'un monument historique, des artisans spécialisés sont nécessaires et les matériaux utilisés sont chers.

Des règles et des aides pour les travaux dans un monument historique

En tant que propriétaire d'un monument classé ou inscrit monument historique, des autorisations spécifiques de la Direction régionale des affaires culturelles (DRAC) sont nécessaires avant de réaliser des travaux de rénovation, qui modifient les façades ou les intérieurs. Dans le cas d'un monument classé, les prescriptions sont plus fortes que s'il s'agit d'un monument uniquement inscrit. Si des travaux sont faits sans autorisation, cela peut conduire à des amendes et des poursuites.

Les sommes nécessaires pour les travaux peuvent être si élevées que l'État a prévu des dispositifs d'aides, dans un but de sauvegarde du patrimoine français. Les propriétaires de biens classés ou inscrits à l'inventaire des monuments historiques ou labélisés par la Fondation du patrimoine peuvent déduire les travaux et les charges de leur revenu global pendant 6 ans. Des subventions sont également accordées par le ministère de la Culture et elles peuvent atteindre entre 20 et 40 % du coût des travaux. Toutefois, il est complexe de les obtenir. Les propriétaires de châteaux témoignent de formalités décourageantes et la baisse des budgets de la culture n'aide pas non plus à améliorer la situation. L'une des conditions pour bénéficier de tous ces avantages est également d'ouvrir tout ou partie du château au public. Une contrainte certaine, puisqu'il faudra partager son espace avec des visiteurs.

À retenir

On peut acheter une grande maison ou un château à rénover avec l'idée de le transformer en chambre d'hôtes ou en gîte, et ce, afin de rentabiliser l'investissement. Mais attention, il s'agit d'une activité très chronophage si elle est bien faite. De plus, c'est un vrai métier qui ne s'improvise pas. Toutes les chambres d'hôtes ne sont pas rentables.

Pour les amateurs de nature

Un domaine viticole

Des bouteilles de vin à son nom, une belle maison au milieu des vignes sont les atouts d'un domaine viticole, bien que les revenus issus de la production puissent s'avérer décevants. En achetant un domaine viticole, vous vivez en pleine nature et contemplez les saisons défiler. Vous êtes chef d'entreprise tout en habitant une belle demeure. Dans la majorité des cas, les domaines sont dotés d'une maison, d'un beau chai et de vastes étendues vertes, qui permettent d'allier amour des vieilles pierres et amour de la nature. Si l'activité est bien gérée, le vignoble peut même couvrir les frais d'entretien de la maison. Il est bien sûr possible de n'acheter que le vignoble, tous ne sont pas dotés d'un château. Il est en tout cas indispensable de se faire accompagner par un agent immobilier spécialisé pour analyser les outils de production, la qualité du domaine, etc. Vous pouvez vous adresser à des agents immobiliers haut de gamme, tels que Barnes, Sotheby's International Realty, ou à des spécialistes de la transaction dans ce domaine. On peut citer Terres de domaines et Vinea Transaction.

Peut-on vivre des revenus issus d'un domaine viticole ?

Il n'est pas simple de vivre des revenus d'un domaine viticole. La production est actuellement touchée par des épisodes climatiques et la résurgence de maladies comme le mildiou. Par ailleurs, la consommation de vin a changé : sa dégustation est davantage ludique et le vin rouge est en partie délaissé au profit du rosé et du vin blanc. De plus, la production de vin nécessite des investissements, dans le chai où le vin est stocké ou pour l'entretien de la vigne. L'exploitation d'un hectare de vignes peut nécessiter une dépense située entre 7 500 et 10 000 euros chaque année. Face à cette dépense, les revenus issus de la production de vin varient énormément en fonction du type de vignoble : ils peuvent aller de 20 000 euros pour un petit domaine de 5 hectares à plusieurs millions d'euros par an pour un grand domaine et une appellation renommée. Le vignoble peut être mis en fermage pour davantage de simplicité, mais les loyers sont encadrés, les baux sont longs (de 9 ans le plus souvent) et le bail est très protecteur pour le fermier.

Si le prix des domaines viticoles est très variable, cet investissement reste onéreux. On peut trouver une belle bâtisse et un petit domaine de 4 à 6 hectares en Bourgogne et en Languedoc pour une somme de 2 à 3 millions d'euros. En revanche, les prix peuvent grimper de 25 à 400 millions d'euros lorsqu'il s'agit d'un outil de production important situé dans des régions de production plus cotées (le Bordelais, la Champagne). Autrement dit, si c'est là votre passion, vous devez disposer de très gros moyens, ce qui est hors de portée pour le commun des mortels. Si le prix d'un hectare de vigne (hors appellation d'origine protégée, ou AOP) est relativement accessible, de l'ordre de 15 000 euros par hectare selon la Fédération nationale des sociétés d'aménagement foncier et d'établissement rural (FNSAFER), celui des vignes à eaux-de-vie AOP, comme le cognac et l'armagnac, est en moyenne de 56 600 euros, contre 153 000 euros pour une vigne AOP. Pour un hectare de champagne, la somme à débourser est bien plus élevée : entre 1 et 2 millions d'euros. Au prix de la vigne s'ajoute bien sûr celui de la potentielle maison située sur le domaine ainsi que celui des équipements servant à la production du vin. Plus les prestations sont de qualité, plus le prix de l'ensemble du domaine sera élevé.

Acheter un château et/ou un domaine viticole à plusieurs

Si l'on ne peut pas acheter seul, il est toujours possible d'acheter à plusieurs, bien que, juridiquement, un achat réalisé par plusieurs personnes s'avère toujours complexe. Il faut notamment se méfier des plateformes spécialisées, dont plusieurs ont connu des déconvenues ces dernières années et des pertes de fonds non négligeables. Plusieurs options s'offrent à vous :

- Acheter en indivision : un achat simple et rapide, mais les décisions se prennent à l'unanimité. Une convention d'indivision doit être rédigée chez le notaire afin de gérer les entrées et les sorties de l'indivision ainsi que les modalités de gestion.
- Créer une SCI dont chacun des membres possède des parts : c'est une solution souple pour gérer le bien, car un gérant peut être nommé. Il est facile de transmettre des parts à ses héritiers. La gestion de la SCI peut être un peu lourde avec, notamment, une comptabilité et des assemblées générales à tenir.
- Acheter en démembrement de propriété : le château ou le domaine viticole est partagé entre un usufruitier (qui peut le louer et en percevoir des loyers) et un nu-propriétaire. C'est une bonne option en cas de transmission dans le cadre d'un héritage, mais elle est moins adaptée à un achat entre amis, par exemple.

Dans le cas d'un château, il arrive qu'un agent immobilier vende « à la découpe » pour le compte d'un propriétaire. Le château devient alors une copropriété et ses différents espaces sont divisés en appartements. Le régime de fonctionnement des copropriétés est bien connu et éprouvé mais, comme dans toute copropriété,

»

»

les acheteurs possèdent une quote-part de parties communes, qu'il faut pouvoir entretenir. La toiture, les escaliers, les murs et les planchers sont des parties communes et sont payées en fonction des quotes-parts respectives de chaque propriétaire.

Du côté d'un vignoble, c'est un peu plus facile : il est possible de prendre une participation financière par le biais d'un groupement foncier viticole. Vous recevez chaque année une part de loyers versée par le groupement. Vous pouvez aussi parrainer des vignes. Dans ce cas, des ceps de vignes vous sont symboliquement attribués et des bouteilles vous sont réservées. Le rêve est alors accessible pour quelques centaines ou milliers d'euros seulement.

Une forêt

Se promener, protéger la planète, récolter du bois de chauffage : la forêt peut satisfaire plusieurs passions. Ce rêve est accessible même avec un budget serré, seul ou à plusieurs.

Environ un tiers du territoire français est constitué de forêts, c'est-à-dire d'étendues plantées d'arbres pouvant atteindre une hauteur supérieure à 5 mètres. Les trois quarts appartiennent à des propriétaires privés, le quart restant étant la propriété des collectivités locales et de l'État. Les propriétaires tirent leurs revenus de la vente de bois utilisé pour le chauffage, la réalisation de meubles ou encore de constructions en bois. On peut aussi y récolter de petits fruits, des champignons ou des plantes médicinales. Il est évidemment conseillé de procéder à des récoltes respectueuses de l'environnement : les arbres à couper sont sélectionnés en fonction de l'essence et des arbres spécifiques sont laissés en place afin de conserver l'habitat d'espèces animales.

Astuce

L'achat d'une parcelle de forêt est un placement rémunérateur, même si le rendement reste modeste : entre 1 et 2 % par an. Au-delà, la forêt est surexploitée et s'abîme, avec une perte de valeur à la clé. Il faut donc se méfier des propositions d'investissement trop alléchantes.

Vous pouvez acheter une forêt seul ou à plusieurs. Seul, le plus simple est de consulter les notaires en zone rurale ou un expert forestier (sur le site expertforestierdefrance.com). À plusieurs, vous faites le choix d'un investissement dans le cadre d'un groupement forestier. Nos grandes forêts et

Cerf vert font partie des groupements respectueux de l'environnement. Le site groupementforestier.org et celui de Fransylva communiquent de nombreuses informations utiles.

À retenir

Avant d'acheter une forêt, gardez à l'esprit qu'en cas de tempête ou d'incendie, il est possible de perdre une bonne partie des revenus prévus. Vous pouvez vous assurer, mais les primes sont très chères et donc rarement souscrites.

Le prix d'une forêt

Concernant le coût, on trouve des forêts à tous les prix. Celui-ci dépend de la localisation et des essences de bois. En Île-de-France, un hectare de beaux chênes peut se vendre 20 000 euros. Pour une forêt destinée à la chasse en Sologne, il faut compter 10 000 euros par hectare. Selon la FNSAFER, qui publie chaque année des informations sur le prix des forêts, les prix les plus élevés s'observent dans le Nord et le Bassin parisien, avec 7 700 euros l'hectare en 2024, alors que le prix des feuillus continue de progresser légèrement (le frêne et le hêtre en particulier). Dans l'Ouest, les prix déjà élevés des forêts progressent encore et atteignent 7 000 euros l'hectare. Affectées durablement par l'épidémie de scolytes, les forêts de l'Est ont subi pendant plusieurs années une baisse régulière de prix. Depuis 2022, toutefois, la tendance s'inverse et l'hectare s'échange à 5 000 euros en moyenne. Le Sud-Ouest enregistre une hausse de 2,6 %, en dépit des baisses du prix du bois observées en 2024 pour les essences résineuses qui y prédominent. Les forêts du Massif central sont les moins chères du marché (2 900 euros l'hectare) et celles des Alpes-Maritimes et des Pyrénées valent en moyenne 3 800 euros l'hectare.

Un peu de technique

On ne fait pas ce que l'on veut de sa parcelle de forêt, même si l'on en est propriétaire. Les coupes d'un seul tenant au-dessus d'un certain seuil de surface enlevant plus de 50 % du volume des arbres de futaie peuvent, par exemple, être soumises à autorisation du préfet du département. De plus, à la suite d'une coupe rase, le propriétaire peut être tenu de replanter des arbres dans un délai de 5 ans. Enfin, quel que soit le mode d'investissement, il est important de se déplacer pour voir la forêt dans laquelle on investit et de s'assurer régulièrement que sa gestion est conforme à ses attentes.

Pour les amateurs de voyage

L'exotisme, le voyage présentent bien des attraits. L'immobilier est pourtant difficilement conciliable avec ce type de passion, puisque, par essence, il ne bouge pas – c'est la raison pour laquelle un bien immobilier est appelé un « immeuble », par opposition à un « meuble ». Pour autant, certains biens atypiques, bien qu'immobiles, peuvent être à la fois un investissement immobilier et une invitation au voyage.

Un phare

Une vue imprenable sur la mer, une architecture très originale et une histoire riche : voilà ce que recherchent les acheteurs de phare. L'association Phares de France, dont le rôle est de les préserver et de les valoriser, en dénombre 220 sur les côtes françaises, dont 95 sont protégés au titre des monuments historiques et 36 ouverts au public. Les plus connus sont le phare de Cordouan, qui veille depuis 400 ans sur l'estuaire de la Gironde, ou encore le phare des Baleines sur l'île de Ré. Cependant, acheter un phare n'est pas chose facile. Ils restent généralement dans le domaine public ou sont rachetés par le Conservatoire du littoral. Pour autant, il arrive que certains se vendent de temps en temps. En 2018, le phare de Kerbel à Riantec, dans le Morbihan, s'est vendu au prix d'1,5 million d'euros. Ces ventes étant rares, les prix sont élevés.

Il est plus facile d'acheter les maisons attenantes aux phares, occupées autrefois par les gardiens. Il est difficile de savoir combien sont actuellement à la vente, car elles s'échangent souvent par le biais du bouche-à-oreille. Il en existe à tous les prix en fonction des travaux à réaliser. Les communes usent parfois de leur droit de préemption pour les conserver.

Une gare désaffectée, une maison de garde-barrière ou une maison éclusière

Il est possible d'acheter une gare ou une ancienne maison de garde-barrière. Les gares ne sont pas très nombreuses à la vente, mais il en existe tout de même quelques-unes, mises en vente à intervalles réguliers. C'est généralement par le bouche-à-oreille que la vente a lieu. Avant d'acheter, il faut s'assurer que les règles d'urbanisme autorisent bien la transformation de la gare en logement.

Plus nombreuses que les gares elles-mêmes, les anciennes maisons de garde-barrière sont plus faciles à acquérir. Utilisées avant l'automatisation des passages à niveau, elles présentent une architecture bien particulière datant de la fin du XIXe et du début du XXe siècle et sont dotées, pour certaines, de beaucoup de charme.

Enfin, une autre option est l'achat d'une maison éclusière en bordure de canal. Elles sont régulièrement mises en enchère par Voies navigables de France (VNF). Encore une fois, les ventes de ce type sont plutôt confidentielles : à vous de vous renseigner sur les marchés immobiliers locaux.

Une île

Il est un autre bien immobilier atypique : une île ! Un rêve très présent dans l'imaginaire collectif.

Peu d'îles sont à vendre. En moyenne, seules deux îles changent de propriétaire chaque année. Au total, l'Association Les petites îles de France recense 200 îles privées, habitées ou non. Leur superficie moyenne se situe entre 1 et 10 hectares et toutes présentent des espaces naturels préservés par leur isolement. La grande majorité des îles privées se situent en Bretagne, qui en compte à elle seule 145. Certaines ont fait les grands titres des journaux, parce qu'elles appartiennent à des familles fortunées, comme l'île de la Jument dans le golfe du Morbihan liée à la famille Mulliez ou l'île des Rimains, qui a appartenu à la famille de la boulangerie Poilâne.

Pour passer du rêve à la réalité et devenir propriétaire d'une île, il faut en avoir les moyens. Comptez entre 1,5 et 3 millions d'euros, mais le prix peut courir jusqu'à 7 et 10 millions d'euros, notamment si l'île comprend un manoir et est donc constructible. Il est très difficile d'acheter une île non-constructible, car le Conservatoire du littoral, organisme public chargé de la préservation du littoral, use souvent de son droit de préemption pour l'acquérir.

De réelles contraintes

Le statut de propriétaire d'une île implique des contraintes réelles. Il faut être habitué à des tâches manuelles parfois difficiles et être débrouillard – c'est bien la météo qui commande. Le séjour n'y est pas toujours confortable : le raccordement aux réseaux, qu'il s'agisse du réseau d'eau potable ou d'électricité, est rarement assuré. Il faut donc se satisfaire de l'eau de pluie, être équipé pour la désalinisation de l'eau de mer ou transporter des jerricanes d'eau depuis le continent. Quant à l'alimentation électrique, la solution réside dans un bouquet énergétique, qui va du groupe électrogène à l'éolien en passant par les panneaux solaires. Tous ces équipements doivent être entretenus régulièrement en raison de la corrosion liée à l'air marin. Concernant les déchets, il faudra ramener sur le continent tout ce qui ne se composte pas sur place et il est interdit de déverser les eaux usées en mer, en raison de la pollution que cela générerait. Une fosse toutes eaux, qui recueille et traite les eaux usées, doit donc être installée et contrôlée régulièrement par le Service public d'assainissement non collectif (SPANC). En revanche, aucun problème pour les réseaux téléphoniques : toutes les îles sont couvertes par les principaux opérateurs. Enfin, toutes les îles ou presque sont concernées par la loi littoral et le réseau Natura 2000, qui protègent la faune et la flore. Un propriétaire doit donc gérer son île en respectant l'environnement.

À part pour les îles proches de la côte, accessibles à pied à marée basse, il faut disposer d'un bateau et savoir naviguer, même en cas de mauvais temps. Le coût d'un bateau, de son entretien et de son stationnement sont à prendre en compte. Les cales et les quais, qui doivent faire l'objet de demandes d'autorisations d'occupation temporaire sur le domaine public maritime (DPM), sont taxés. Ces inconvénients sont le prix à payer pour les passionnés d'îles !

Un peu de technique

À défaut d'acheter une île, on peut acheter sur une île. Dans ce cas, l'opération est un achat classique. Attention aux risques d'inondation et au recul du trait de côte lié au réchauffement climatique. Nombre de maisons situées sur des îles françaises auront les pieds dans l'eau d'ici quelques années.

Un bateau pour y vivre

Un certain nombre d'amateurs de voyages cherchent à se déplacer avec leur logement : la solution peut être un bateau, une vraie maison flottante. Année après année, le nombre de personnes possédant un bateau de plaisance augmente. Le nombre de plaisanciers se monte actuellement à environ 13 millions selon le ministère de la Mer et les immatriculations de bateaux de plaisance croissent d'environ 12 000 unités par an. Pour autant, un monde sépare le bateau de 3 mètres de long et le yacht de plus de 10 mètres, à commencer par le prix. Comptez moins de 10 000 euros pour un petit bateau de pêche, mais 180 000 euros environ (ou moins de 80 000 euros en occasion) pour un bateau en bois haut de gamme de 10 mètres de long et 2,90 mètres de large. Enfin, les bateaux les plus chers du monde, comme le *A+* – anciennement *Topaz* – (de 147 mètres de long) ou l'*Azzam* (de 176 mètres de long), dotés d'équipements luxueux comme des piscines ou des jacuzzis, peuvent dépasser les 600 millions d'euros, voire le milliard.

Pour ceux qui ne sont multimillionnaires, mais qui souhaitent vivre à l'année sur un bateau dans des conditions confortables, il est possible d'opter pour une péniche. Celles que l'on voit amarrées sur les quais des grandes villes, notamment Paris, s'échangent entre 5 000 et 9 000 euros/m^2, soit à peu près le prix d'un appartement. Bon nombre de péniches sont devenues des appartements à part entière. La plupart ne sont plus dotées de moteur et il faut les faire remorquer pour les entretenir.

Un peu de technique

Un bateau n'est pas un bien immobilier, même s'il fait office d'habitation, et les règles d'achat et de revente sont très différentes de celles des maisons et des appartements. Il s'agit d'un bien de consommation et l'acheteur est moins protégé que dans le cas d'un bien immobilier. La valeur patrimoniale est également moindre.

Conduire et garer un bateau

Comment conduire un bateau ? Conduire un bateau à moteur, dont la puissance motrice est supérieure à 4,5 kW (6 chevaux), nécessite un permis option côtière ou un permis option eaux intérieures. L'option côtière vous permettra de naviguer en mer jusqu'à 11 km de la côte. Au-delà, il faut être muni de l'extension hauturière. Le permis n'est pas nécessaire pour un voilier, mais encore faut-il savoir le manœuvrer. Si l'on ne souhaite pas piloter le bateau soi-même, il est possible de s'adjoindre l'aide d'un skipper pour un prix compris entre 200 et 300 euros par jour, en fonction de la taille du bateau et de l'itinéraire. L'acquisition d'un bateau suppose des démarches administratives, comme l'enregistrement du bateau auprès de la Direction départementale des territoires et de la mer (DDTM), ainsi que des autorisations pour passer d'une navigation fluviale à une navigation en mer.

Comment garer un bateau ? Qui dit bateau dit stationnement. Un emplacement à l'année dans un port nécessite parfois des années d'attente. Il est souvent possible d'acheter un stationnement en même temps que le bateau, mais attention au coût : un mouillage dans un port convoité, notamment en Méditerranée, peut coûter 250 000 euros et le prix peut monter bien au-delà. Il est possible de louer le stationnement, plutôt que de l'acheter, en fonction de la taille du bateau et du port : les prix varient fortement en fonction de la localisation et de la saison, mais comptez entre 2 000 et 20 000 euros par mois. Il est également possible d'amarrer son bateau à un « corps-mort » situé au large. Cette solution est moins chère (comptez entre 2 000 et 4 000 euros par an), mais le bateau est plus difficile d'accès. Quant à une péniche, le prix de l'amarrage à l'année se monte à un prix situé entre 800 et 6 000 euros par an en fonction de la ville. Enfin, quel que soit le type de bateau, l'entretien est indispensable. Le budget à prévoir

»

se situe entre 4 000 et 10 000 euros par an. Pour tous ceux qui rêvent d'un bateau sans pouvoir se l'offrir, la location, avec ou sans équipage, est une pratique très courante. On en trouve à tous les prix, mais pour une somme comprise entre 300 et 600 euros la journée, il est possible de profiter d'un beau bateau.

Attention

Vous pouvez être un passionné de camping et rêver d'acheter un camping-car ou sa version immobile, le mobil-home (contrairement à ce que son nom indique). Il ne s'agit toutefois pas d'immobilier en tant que tel, bien que le prix de ce type de biens puisse se révéler aussi élevé que celui d'un appartement. Il s'agit de biens de consommation, qui ne partagent pas la même valeur patrimoniale ni la protection liée aux achats immobiliers.

Comment en faire une stratégie gagnante ?

Essayer de ne pas se laisser emporter par sa passion

Le risque est d'abord de se laisser dépasser financièrement et de finir ruiné : dépenser des millions d'euros pour rénover un château n'est pas donné à tout le monde. Des travaux qui semblent accessibles peuvent finalement s'avérer trop onéreux. Avant d'acheter, il faut bien évaluer la situation. S'il est possible de faire l'impasse sur certains travaux, d'autres sont indispensables, comme la réfection de la toiture ou les travaux liés à la sécurité (l'électricité par exemple). Même s'il s'agit d'un château, d'une maison sur une île ou d'un phare, les règles en matière d'achat sont les mêmes que pour les autres biens immobiliers. Il vous faut lire attentivement les diagnostics qui vous sont fournis. Par ailleurs, on compte généralement entre 800 et 1 500 euros/m^2 pour rénover entièrement un bien immobilier. Dans le cas d'un bien atypique, il est difficile de savoir ce qu'il en est. En effet, en fonction du type de travaux, les prix peuvent être beaucoup plus élevés que prévu.

L'une des options, si l'on est bricoleur, est de réaliser les travaux soi-même. Outre le fait que cela nécessite des moyens, car les matériaux ne sont pas gratuits, cela implique aussi d'avoir du temps et des compétences, notamment dans le cas d'un château. Même chose sur une île, où les efforts à fournir sont importants pour pouvoir y vivre. Attention de ne pas s'épuiser. Il faut également faire attention aux assurances.

Autoconstruction : attention aux assurances

Dans le cas de l'autoconstruction, c'est-à-dire lorsque vous construisez vous-même les murs, refaites la toiture et, plus largement, réalisez de lourds travaux de rénovation, vous êtes responsable, pendant 10 ans, des dommages qui pourraient subvenir. Autrement dit, si vous vendez entre-temps votre bien et que des dommages se produisent, vous devrez les prendre en charge vous-même pour le compte de l'acheteur. Lorsque les travaux sont réalisés par une entreprise du bâtiment, l'assurance décennale de l'artisan couvre, en effet, les éventuels dégâts durant les 10 années suivant la réception du chantier. De plus, avec l'autoconstruction, vous ne pouvez pas souscrire d'assurance dommages-ouvrage, qui couvre en revanche le maître d'ouvrage (la personne qui commande les travaux) si les travaux sont couverts par la garantie décennale et prend en charge les travaux nécessaires pour le maître d'ouvrage en attendant que les responsabilités de l'entreprise soient déterminées.

Penser à la transmission

L'achat d'un bien immobilier s'inscrit souvent dans une perspective de long terme et, de ce fait, votre passion engage aussi vos enfants, votre conjoint et vos proches. Si vous êtes dans l'impossibilité de vous occuper de ce bien avec l'âge ou la maladie, par exemple, ce sont eux qui devront le prendre en charge. Si vous avez contracté des dettes pour acheter et entretenir le bien, vos enfants peuvent être contraints d'assumer les sommes dépensées, à moins qu'ils ne décident de refuser l'héritage. Dans tous les cas, c'est un casse-tête supplémentaire pour les héritiers.

Cela implique de penser en amont à la transmission de vos biens immobiliers, de façon que vos héritiers ne soient pas mis devant le fait accompli. Différentes possibilités s'offrent à vous :

» **Vous pouvez procéder à la donation simple en pleine propriété d'un bien à vos enfants. Vous perdez la propriété, mais quelqu'un d'autre se charge de l'entretien.**

- Vous pouvez céder la nue-propriété du bien et, dans ce cas, vous en conservez l'usufruit. À votre décès, le bien passe à vos enfants sans droit supplémentaire.
- Un testament peut être utile pour éviter les conflits et partager les différents biens, même s'il ne diminue pas la fiscalité.
- Vous pouvez créer une SCI familiale : le bien est détenu par une société dont vous transmettez les parts petit à petit. Il est possible de donner des parts sans perdre le contrôle, en étant nommé gérant par exemple.

Index

D

E

F

G

Notes